L'ŒUVRE JUDICIAIRE DE M^{TRE} CRÉMIEUX

L'ŒUVRE JUDICIAIRE

DE

M^{TRE} CRÉMIEUX

LETTRE A L'ASSEMBLÉE NATIONALE

ET AU GOUVERNEMENT

SUR

L'HISTOIRE DE LA JUSTICE ET DE LA MAGISTRATURE FRANÇAISES

PENDANT CINQ MOIS ET DIX JOURS

PAR

M. ALBERT DESPLAGNES

PROCUREUR DE LA RÉPUBLIQUE, A DIE (DRÔME)

LYON

FÉLIX GIRARD, LIBRAIRE-ÉDITEUR

RUE SAINT-DOMINIQUE, 6

1871

ERRATA.

Page 24, ligne 25, *au lieu de* éloigné, *lisez* révoqué

Page 26, ligne 11, *au lieu de* mission, *lisez* mesure

Page 40, ligne 4, *au lieu de* lui, *lisez* leur

Page 53, retranchez les 16e, 17e et 18e lignes, qui sont la répétition du titre au dessous.

Page 54, ligne 16, *ou lieu de* M. Darnaud, *lisez* M. Armand

Page 55, après la 12e ligne, ajoutez les nominations suivantes :

Moniteur du 26 septembre. — Décrets du 23 septembre.

Procureur général à Agen, M. Delpech, avocat, en remplacement de M. de Vaulx.

Procureur général à Besançon, M. Varambon, avocat à Lyon, en remplacement de M. Blanc. (M. Blanc était remplacé depuis près d'un an par M. de Plasman.)

Procureur général à Alger, M. Chevillotte, vice-président à Paris, en remplacement de M. Robinet de Cléry.

Procureur de la république à Carpentras, M. C. Fabre, avocat, en remplacement de M. Roussel, qui sera appelé à d'autres fonctions.

Substitut à Carpentras, M. Barberon, substitut à Orange, en remplacement de M. Servatius.

L'ŒUVRE JUDICIAIRE DE Mᵀᴿᴱ CRÉMIEUX.

LETTRE A L'ASSEMBLÉE NATIONALE

ET AU GOUVERNEMENT

SUR

L'HISTOIRE DE LA JUSTICE ET DE LA MAGISTRATURE FRANÇAISES

PENDANT CINQ MOIS ET DIX JOURS.

I

Lorsque le gouvernement aura pris les mesures néces-
saires pour délivrer notre territoire de l'occupation étran-
gère et pourvoir aux exigences matérielles de notre situation, un de ses premiers travaux sera évidemment l'étude
de ce qui est à faire pour la justice et la magistrature.

Il y a à cet égard deux points très-distincts et qui ne
pourront guère être confondus dans les travaux du gouvernement et de l'Assemblée. Il y a en premier lieu des
mesures immédiates à prendre pour rétablir la justice dans
une situation normale dont elle est évidemment sortie depuis quelques mois. Il y a ensuite le grand travail de notre
réforme judiciaire, demandé depuis longtemps par les magistrats et par tous ceux qui, à un point de vue quelconque,
s'occupent de nos institutions.

1

On ne peut dans une simple lettre traiter le second point, qui demande un travail approfondi. Ce travail, je l'ai commencé depuis longtemps, et j'espère pouvoir le terminer bientôt. Un intérêt plus urgent me presse, et je veux soumettre sans retard au pays et à l'Assemblée qui le représente si bien une appréciation sur le premier point mentionné ci-dessus, appréciation qui est celle de nombreux magistrats, et qui exprimera, j'en ai la conviction, l'opinion des personnes sensées, témoins personnellement désintéressés des faits dont je vais parler.

II

J'ai dit qu'une réforme judiciaire était demandée par tout le monde. A cet égard je ne serai pas contredit. J'ajoute que pour songer à cette réforme et pour pouvoir l'effectuer, quelle qu'elle soit, il est indispensable de commencer par rétablir la justice et la magistrature dans une situation normale. Il faut à des réformes aussi sérieuses un point de départ qui ne soit pas l'œuvre arbitraire ou scandaleuse de la démagogie, du favoritisme le plus impudent, de la spoliation la plus criante. Après la perturbation profonde, ou plutôt la désorganisation opérée dans la magistrature par l'avocat qui, le 4 septembre, s'est emparé de la justice et en a fait ce que chacun sait jusqu'au 14 février, il est nécessaire, pour fonder quelque chose de durable, de rejeter tout d'abord les éléments de hasard que cette désorganisation a introduits dans la magistrature. L'œuvre accomplie du 4 septembre au 14 février ne saurait offrir aucune garantie d'équité, et il suffit de l'examiner un instant pour arriver inévitablement à ces deux conclusions :

1° Les nominations et révocations faites depuis le 4 septembre dans la magistrature sont des actes révolutionnaires accomplis sans aucun mandat et sans droit, aussi contraires à la loi qu'à l'équité.

2° Il est impossible de considérer un seul de ces actes comme valable et engageant l'avenir.

Avant d'entamer la discussion, je dois et je veux vider une question personnelle. Je veux qu'on sache que je ne suis pas personnellement intéressé dans la question.

Je suis magistrat depuis 1858, et mon début n'était pas le résultat d'une faveur, car j'avais fait antérieurement un stage de six ans au parquet de la cour de Paris. Depuis 1858 j'ai suivi avec peine les échelons d'une carrière difficile ; je n'ai demandé qu'à mon travail une récompense que m'ont enlevée plus d'une fois l'intrigue et la faveur. J'ai subi une disgrâce sous l'empire pour avoir osé montrer dans des élections de l'indépendance personnelle et du respect pour la loi. Après douze ans de magistrature, j'étais, le 4 septembre, depuis dix-huit mois procureur impérial à Die, où j'avais, en 1869, été témoin impartial de la première chute électorale de M. Crémieux.

Des quatre chefs de parquet de la Drôme, seul je suis resté, oublié ou ménagé, je ne sais pourquoi, par le nouveau dictateur de la justice, alors que mes trois collègues, comme presque tous les autres, étaient révoqués. Je n'ai pas de grief personnel contre celui dont je vais parler, et j'ai au contraire à me plaindre vivement du régime antérieur. Je suis donc parfaitement à l'aise pour émettre mon opinion, et je le ferai sans ménagement. Nous sommes à l'heure où il est du devoir de tout honnête homme de parler et d'agir avec fermeté. D'ailleurs, si je n'ai pas d'intérêt personnel à venger, j'ai souffert, comme tous les magistrats, de l'inepte dictature qu'a subie la justice. Les spoliations, les injures, les violations de la loi et de l'équité, œuvre de celui-là même que nos malheurs ont infligé à la justice, croit-on que ce ne soit rien pour le magistrat qui se respecte et qui a

quelque sentiment de la mission judiciaire? Je suis donc,
comme tous les magistrats, comme tous les Français, directement intéressé à venger la magistrature des outrages
qu'elle a subis. La violence doit être arrêtée et punie. J'ai
le droit de parler, et je parlerai.

III

Pour faire juger l'œuvre de M. Crémieux, je ne puis
mieux faire que de l'exposer tout entière, telle qu'elle a paru
dans les journaux officiels de la République. On trouvera
ci-après reproduits, d'après le *Journal officiel* et le *Moniteur universel*, les décrets de révocation et de nomination
de magistrats rendus par ce ministre de la défense nationale depuis le 4 septembre jusqu'au 14 février. J'ai respecté, en les copiant, le grotesque désordre qu'on trouve
si souvent dans cette avalanche de décrets, dont le nombre
et la précipitation n'ont dû avoir d'autre cause que la défense du pays contre les Prussiens. Si j'ai bien compté, les
deux journaux officiels portent 925 décrets. Outre ces 925
décrets officiellement connus, je dois ajouter qu'il y en a
un certain nombre d'autres, très-considérable je crois, et
dont je ne peux juger que par ceux qui concernent la Drôme.
Je connais, pour ce seul département, au moins 22 décrets,
dont 10 de révocations dans les justices de paix et autres
fonctions judiciaires, décrets non insérés dans les journaux
officiels. Que par ces chiffres, afférents à un seul département, on juge du chiffre total pour la France! J'ai repro-
duit ces décrets séparément entre les décrets extraits du
Journal officiel et ceux copiés au *Moniteur*.

Je prends seulement le chiffre de 925, concernant les
cours et tribunaux.

Il y a en France 3,467 magistrats pour les cours et tribunaux de première instance ; ce nombre se décompose ainsi :

Cours d'appel.	Magistrats assis. . .	776
	Parquet.	164
Tribunaux.	Magistrats assis. . .	1,660
	Parquet.	867

Le total des parquets des cours et des tribunaux est de 1,031 magistrats amovibles. C'est principalement sur eux qu'a frappé M. Crémieux. En comparant l'un à l'autre ces nombres de 1,031 postes et de 925 décrets, on se fait immédiatement une idée de la composition actuelle des parquets.

Ces 925 décrets ne concernent toutefois que 860 personnes environ. Un certain nombre de magistrats ont eu jusqu'à trois, quatre et cinq nominations successives, parfois en moins d'un mois. Nous reviendrons sur ce point tout à l'heure.

Pour apprécier ces 925 décrets, il faut en faire deux parts : la première sera celle des révocations de magistrats inamovibles, qui ont commencé dans le *Moniteur* du 30 janvier.

IV

Le *Moniteur universel* de Bordeaux du 30 janvier porte en tête de son bulletin officiel, *et antidaté au 20 janvier*, ce décret si connu aujourd'hui, par lequel M. Crémieux déclare déchus de leurs siéges et exclus de la magistrature treize magistrats inamovibles, dont le premier est le premier président de la Cour de cassation, et le dernier un président de tribunal. Les *Moniteurs* du 31 janvier et du 8 février ajoutent deux victimes au sacrifice. Le *Moniteur* du 2 février reporte au 28 janvier la date du décret du 20. Toutefois on n'a pu se tromper sur la pensée première des rédacteurs de ce décret, de ces dictateurs démagogiques surpris dans l'ivresse de leur arbitraire, sentant leur toute-puissance s'écrouler tout à coup devant la convocation d'une Assemblée nationale, et voyant leur projet de décret devenir une page stérile si l'on ne se pressait de le rendre officiel à une date antérieure à leur chute effective du pouvoir (1).

Voilà ce qu'on sait généralement de cette haineuse et insensée violation de nos lois, consommée par les décrets de M. Crémieux. On n'a guère remarqué la suite de cette affaire, qui mérite cependant si bien de fixer l'attention.

Le *Moniteur* du 4 février contient ce communiqué, qui a passé inaperçu au milieu des grands intérêts qui tenaient la France suspendue entre la vie et la mort. Je transcris mot à mot :

« A la Rochelle et à Brest, MM. Chaudreau et Dupuy,
« déchus de leur siége de président par le décret du 28 jan-
« vier dernier, ont tenu l'audience et déclarent qu'on ne les
« arrachera de leur siége que par la force. Le garde des
« sceaux ne s'étonne pas que ces mêmes hommes qui, pour
« ne pas perdre leur place dans la magistrature, acceptè-
« rent en 1852 les fonctions de commissaires, ne veulent
« pas abandonner les hautes fonctions qu'ils ont obtenues
« du pouvoir qu'ils avaient secondé ; mais le garde des
« sceaux s'étonne profondément de voir des magistrats, ai-

---

(1) La pensée dont je parle me paraît d'autant moins douteuse, que j'ai entendu une personne liée avec M. Crémieux s'exprimer dans les termes suivants : « Il est dommage que M. Crémieux n'ait pas rendu les décrets de déchéance en septembre ou octobre : ils auraient passé comme mesure révolutionnaire, et l'on n'eût rien dit. » Il me paraît évident que le dictateur de la justice a été surpris, et qu'il était loin de s'attendre à voir tomber si tôt son omnipotence.

« dant sciemment par leur concours l'usurpation de pouvoir
« commise par celui qui a cessé d'être magistrat, oubliant
« l'art. 197 du code pénal, qui déclare cette usurpation un
« délit et le frappe d'une peine correctionnelle, se prêter à
« des simulacres de jugement que la partie condamnée fera
« tomber, et donner ainsi aux populations un spectacle
« déplorable.

« Le ministre de la justice espère que ce scandale ne se
« renouvellera pas, et qu'il ne sera pas forcé de prendre des
« mesures légales contre d'autres que ceux qui, ayant
« cessé de faire partie de la magistrature, refusent d'obéir
« à la loi.

« Quant à ceux-ci, on ne les arrachera pas du siége par
« la force ; le sanctuaire de la justice sera respecté par or-
« dre des magistrats auxquels est remis le soin de faire
« exécuter les lois ; *mais l'ordre est donné de les arrêter*
« *hors de l'enceinte du palais de justice, et de les tra-*
« *duire dans le plus bref délai devant le tribunal cor-*
« *rectionnel.* »

Voilà M. Crémieux sanctionnant sa spoliation illégale par
la menace d'emprisonnement et de poursuites correctionnelles. Emprisonnement! Oui, cet avocat, aveuglé par sa
haine et son dépit, menace d'emprisonner les magistrats
dont il viole sans pudeur le caractère indélébile. Et il aurait
trouvé peut-être des mains pour signer un mandat d'ame-
ner contre eux. Nous verrons plus loin de quoi ont été capables certains magistrats de fraîche date qu'il avait chargés
d'exécuter ses violations de loi. L'emprisonnement aurait
donc eu lieu ; il résulte d'une lettre de M. Crémieux lui-
même, reproduite ci-après, que son ordre n'avait pas été
attendu pour exécuter cette inqualifiable mesure. C'est là
un crime dont l'auteur devra répondre personnellement devant la justice. Mais M. Crémieux donne en outre l'ordre
de traduire en police correctionnelle ces magistrats spoliés

qui, dans notre époque de lâcheté, ont assez de cœur pour oser respecter la loi dans leur personne ! Quant à cela, monsieur, vous vous êtes trompé. Vous avez cru, dictateur aveugle, qu'il suffisait de donner un ordre pour qu'un magistrat l'exécute sans hésiter ; vous avez pensé que votre système de terreur trouverait partout de lâches complaisances pour assouvir vos haines et vos vengeances personnelles. Vous vous êtes trompé. Vous aviez espéré que des gens, comme vous en avez trouvé, hélas ! au prix des dépouilles que vous jetiez à leur convoitise, consentiraient à prononcer des condamnations arbitraires contre vos victimes. Vous vous êtes encore trompé ! Vous n'auriez pas trouvé dans toute la France trois juges qui eussent osé condamner un des quinze magistrats que vous décrétez déchus, et que la conscience publique, d'accord avec la loi, déclare indignement spoliés.

Non, vous ne les auriez pas trouvés, même parmi ceux dont je ne voudrais pas parler, et devant lesquels pourtant je ne puis contenir mon indignation ; non, même ceux qui, dans leurs discours, font l'apologie des plus infâmes attentats dont l'histoire ait à rougir, même ceux-là auraient reculé devant une condamnation évidemment illégale, devant l'application d'un texte qui n'a rien de commun avec l'acte de courage civique reproché par vous, comme un délit, à d'honnêtes et fermes magistrats.

Mais poursuivons l'histoire lamentable de ce décret désormais fameux.

A la Rochelle, M. le président Chaudreau, l'un des déchus, a, comme nous l'avons vu, fait son devoir et gardé son siége à l'audience, malgré les réquisitions d'un membre du parquet. Le 2 février, une affiche était placardée sur la porte du tribunal et portait l'arrêté suivant :

« Le gouvernement de la défense nationale décrète :

« Les audiences du tribunal de la Rochelle sont suspendues.

« La salle d'audience sera immédiatement fermée.

« Le commissaire extraordinaire, le procureur de la Ré-
« publique et les autorités compétentes sont chargés de
« l'exécution du présent décret.

« Signé : Ad. Crémieux, L. Gambetta, Glais-Bizoin,
    Fourichon.

       « Pour copie conforme :

      « *Le commissaire extraordinaire de la défense,*

             « Ricard. »

Non content de menacer de la prison et de la police correctionnelle d'honnêtes et courageux magistrats, M. Crémieux, pour assurer l'exécution de son décret illégal, inter-
rompt le cours de la justice, rappelant ainsi la mesure iden-
tique déjà prise à Marseille par l'un des préfets de cette
malheureuse ville, peu après le 4 septembre.

À Bordeaux, le décret de l'avocat Crémieux avait amené
des incidents qu'il faut rappeler.

M. le premier président Devienne, si indignement calom-
nié par l'un des Arago, et qui avait, le 2 octobre 1870,
adressé à ce dernier la réponse qu'il méritait, réponse pu-
bliée par les journaux, M. le premier président Devienne a
envoyé la protestation suivante à l'avocat désorganisateur de
la justice :

         « Bordeaux, 2 février 1871.

« Monsieur le garde des sceaux, le jour même où le
« *Moniteur* annonçait les élections d'une Assemblée natio-
« nale, vous faisiez rendre un décret qui prononce la des-
« titution de plusieurs magistrats inamovibles.

« Comme chef de la plus haute magistrature, je suis
« obligé, plus que tout autre, de protester contre cette dé-
« cision. Je le fais non dans un intérêt personnel, qui n'est
« rien en ces jours de désastres de la patrie, mais au nom
« de l'indépendance de la justice nationale, au nom d'une
« règle de droit public de mon pays, que nos révolutions
« avaient jusqu'ici respectée.

« Si des magistrats ont manqué à leurs devoirs, il y a
« pour eux une justice disciplinaire toute puissante. Vous
« pouviez, vous deviez vous y porter accusateur. Il vous a
« paru plus simple de vous instituer leur juge, et cela,
« chose vraiment incroyable, en rappelant *le grand prin-
« cipe proclamé en 1790 que nul ne peut être distrait de
« ses juges naturels.*

« Au reste, monsieur le garde des sceaux, avec l'autorité
« que vous vous attribuez, toute discussion est sans dignité,
« car elle est inutile. Quand la France aura rétabli des pou-
« voirs réguliers, ils décideront entre vous et les magistrats
« que vous avez arbitrairement frappés. Jusque là, ces ma-
« gistrats ne doivent pas reconnaître l'autorité d'un acte
« qui, pour emprunter vos propres expressions, *viole toute
« la loi et tous les droits.*

« Recevez, monsieur le garde des sceaux, l'assurance de
« ma haute considération.

« Le premier président de la Cour de cassation,

« Devienne. »

Cette protestation est ferme et digne, telle qu'on devait
l'attendre du haut magistrat dont le caractère et le passé
tout entier défient les ineptes et ignobles calomnies lancées
de tous les étages et même des sous-sol de la démagogie.
On sait que le principal métier de MM. les démagogues pa-
tentés consiste, suivant l'expression de M. de Laprade, à
faire des réquisitoires contre les honnêtes gens.

A la cour de Bordeaux se sont passés des actes que je me borne à faire connaître, en copiant une lettre adressée le 30 janvier par M. le premier président Raoul Duval, l'un des déchus, à l'auteur du décret de déchéance.

« Bordeaux, 30 janvier 1871.

« Monsieur le ministre, de tous les magistrats atteints « par le décret que vous avez rendu, j'étais le seul en fonc- « tions dans la ville où siège la délégation, le premier par « conséquent à l'égard duquel il y eût lieu de l'exécuter, « le premier aussi qui eût à agir et à parler au nom de « l'inamovibilité violée par ce décret. Il m'a paru que cette « situation m'imposait un devoir auquel je n'avais pas le « droit de me soustraire, et que ce devoir, dicté par le res- « pect de la loi et l'intérêt du pays, était de protester par « mes actes aussi bien que par mes paroles.

« Je n'ai pas voulu le faire de surprise, et par lettre d'hier « j'ai prévenu M. le procureur général (M. Célérier) que j'i- « rais aujourd'hui remplir à l'audience mes obligations de « magistrat et m'acquitter du mandat inviolable que la loi « m'a conféré; je l'ai requis en même temps de m'assurer « le libre accès de mon siége et de m'y protéger; je n'ai « point reçu de réponse.

« Aujourd'hui, suivant l'avis que j'en avais ainsi donné « à l'autorité spécialement chargée de faire exécuter les « lois, je suis allé au palais, j'y ai revêtu ma robe de pre- « mier président, et je me suis rendu dans la salle du con- « seil, où m'attendaient les membres de la première cham- « bre. Là, ils m'ont appris, ce qui m'a d'ailleurs été con- « firmé par M. l'avocat général de service et par M. le gref- « fier, que M. le procureur général lui-même s'était trans- « porté chez M. le greffier en chef, et lui avait fait savoir « que, si le premier président déchu se présentait pour te-

« nir l'audience, le ministère public avait ordonné de se re-
« tirer, que tout magistrat qui le remplacerait, que tout
« greffier qui assisterait à l'audience, *seraient destitués ce*
« *soir*.

« Mes collègues ont ajouté, savoir, ce qu'a encore con-
« firmé M. l'avocat général, que les conseillers qui siége-
« raient à mes côtés *seraient immédiatement déchus ou*
« *suspendus;* que les avoués qui prendraient des conclu-
« sions devant la cour ainsi composée, les huissiers qui
« obéiraient à ses ordres et feraient acte de service, *se-*
« *raient révoqués de leurs charges.*

« Dans cette position pleine de périls pour tant d'exis-
« tences respectables, comme aussi par le fait de cette nou-
« velle menace dirigée à nouveau titre contre l'inamovibi-
« lité, il y avait devant moi tout à la fois un obstacle maté-
« riel et un obstacle moral, plus insurmontable encore, à
« l'exercice de mes fonctions. J'avais fait tout ce qui m'é-
« tait possible pour accomplir mon devoir et pour mainte-
« nir le grand principe dont le hasard des circonstances
« m'a fait le représentant et le défenseur. Si j'allais plus
« loin et si j'entraînais mes collègues à ma suite, j'expose-
« rais d'autres que moi. Je me suis arrêté à cette limite;
« j'étais venu sans crainte, j'ai été bien aise de pouvoir me
« retirer sans regret.

« A présent, monsieur le ministre, je n'ai plus qu'une
« obligation, et je n'y faillirai pas plus qu'aux autres : c'est
« celle d'une protestation publique, non dans l'intérêt de
« ma personnalité dont je n'ai nul souci et qui n'est rien
« dans la question, mais pour la dignité de la magistrature,
« pour son indépendance, pour la garantie des citoyens,
« dont elle a mission de défendre tous les droits.

« Je proteste donc contre la violence faite aux juges ina-
« movibles en ma personne; je proteste devant mon pays,
« et j'en appelle à l'Assemblée nationale qui va bientôt le

« représenter; elle jugera mes actes, elle jugera les vôtres,
« et dira de quel côté se sont trouvés la fidélité au devoir et
« le respect des lois.

« Veuillez agréer, monsieur le ministre, l'assurance de
« ma haute considération.

« Raoul Duval.

« *P. S. Quatre heures après midi.* — Je ne reçois qu'à
« l'instant la notification officielle qui m'est faite du décret
« de déchéance par M. le procureur général, sous la date
« du 30 janvier. »

Voici quelle avait été la lettre adressée la veille, 29 janvier, au procureur général Célérier par M. le premier président Raoul Duval :

« Cour d'appel de Bordeaux. — Cabinet du premier président.

« Bordeaux, le 29 janvier.

« Monsieur le procureur général, on m'apporte le *Moni-*
« *teur*, et, sans avis préalable de la mesure prise contre
« moi, j'y lis un décret qui me déclare, avec plusieurs au-
« tres magistrats, déchu de mes fonctions. C'est là une
« violation flagrante de nos lois fondamentales et du grand
« principe de l'inamovibilité de la magistrature, conquête
« de nos révolutions, garantie des justiciables, garantie de
« toutes nos libertés. *Cet acte est sans rapport aucun avec*
« *la défense nationale, pour laquelle seule le gouverne-*
« *ment du 4 septembre a des pouvoirs tacites, ainsi qu'il*
« *a dû le proclamer lui-même.*

« Je proteste hautement et devant tous, à titre de devoir
« envers mes justiciables, contre l'atteinte portée à l'indé-
« pendance de leurs juges.

« Votre mission, monsieur le procureur général, ainsi

« que vous l'avez écrit récemment avec une dignité qui
« vous honore, est uniquement d'assurer l'exécution des
« lois. Je vous demande et vous requiers au besoin de les
« faire respecter en ma personne, et de m'assurer le libre
« accès de mon siége de magistrat lorsque demain lundi je
« me présenterai pour l'occuper.

« Recevez, monsieur le procureur général, l'assurance de
« ma haute considération.

« *Le premier président*, Raoul Duval. »

Ces documents, acquis à l'histoire, font connaître que
M. le premier président, confiant dans des protestations
publiques de M. le procureur général Célérier, priait ce magistrat de faire respecter la loi dans sa personne; ils font
connaître aussi que ce procureur général, au lieu de faire
respecter la loi, comme il avait proclamé que c'était son
devoir, s'est associé à M. Crémieux pour faire exécuter *par
la violence, la destitution, la déchéance et la suspension
employées au besoin contre toute une cour et toutes les
corporations d'officiers ministériels qui lui sont attachées,*
un décret illégal et qu'il savait illégal. Voilà ce qui s'est
passé à Bordeaux.

Mais ce qu'on ne sait peut-être pas, ce qui a pu échapper au regard, c'est un décret de M. Crémieux daté du
31 janvier, publié dans un coin reculé du *Moniteur* du
2 février, et par lequel *est nommé premier président de la
cour de Bordeaux M. Célérier, procureur général près la
même cour, en remplacement de M. Raoul Duval.*

On voit donc M. Célérier, procureur général, nommé par
un décret illégal et sans valeur premier président en remplacement d'un magistrat qu'on cherche à dépouiller, se
servir de ses fonctions de procureur général pour consom-
mer l'illégalité dans un but d'intérêt personnel et pour s'assurer la possession d'un siége qu'il convoitait!... J'avoue

que devant de pareilles énormités ma main se refuse à toute
qualification. C'est assez de les écrire. Mais la magistrature,
la France entière jugeront des actes semblables, et nous
n'aurons pas vu la violence mettre impunément la main sur
la justice!

On sait que M. Crémieux, après ses décrets de déchéance,
a poursuivi leur exécution en nommant des successeurs aux
magistrats qu'il avait voulu spolier. Parmi ces successeurs
nommés, on a vu d'anciens magistrats accepter une pareille
nomination et faire cent lieues pour venir prendre possession d'un siége... enlevé... dans ces conditions. Il faut dire
aussi qu'on a vu des cours (toutes, me dit-on) refuser de
recevoir le serment et de procéder à l'installation de ces magistrats qui acceptaient sans scrupule la robe volée qu'on
leur jetait. On cite un de ces magistrats, alléché par la robe
rouge d'un conseiller déchu, qui, après un voyage de plusieurs jours entrepris pour monter sur son siége, avait dû
se borner à une très-courte visite au premier président. Ce
dernier l'avait reçu en le félicitant chaudement d'avoir fait
cent lieues pour venir protester en personne contre un décret spoliateur. Après cette leçon méritée, le malheureux
magistrat avait jugé prudent de prendre le premier train
pour retourner à son poste.

Toutes ces violations de nos lois devaient avoir un terme.
Le gouvernement de Paris, laissé par ses délégués de Bordeaux dans l'ignorance complète des orgies politiques aux-
quelles ils se livraient, fut instruit par quelques journaux
qui après l'amnistie purent entrer dans la capitale. Le *Journal officiel* du 8 février reçut le communiqué suivant, re-
produit seulement le 14 dans le *Moniteur universel* de
Bordeaux :

« Quelques journaux annoncent qu'un décret émané de
« la délégation de Bordeaux a prononcé la révocation de
« plusieurs magistrats inamovibles. Le gouvernement n'a

« aucune connaissance officielle de ce décret ; les ques-
« tions qui touchent à l'inamovibilité de la magistrature ne
« peuvent être résolues que par l'assemblée des manda-
« taires du pays, à laquelle sera soumis un travail impor-
« tant sur l'organisation judiciaire, travail préparé par une
« commission de jurisconsultes et de magistrats, instituée
« par décret du 18 septembre dernier. Le décret de la délé-
« gation n'a donc pu trancher la question. »

M. Crémieux connaissait avant le 14 ce communiqué du
Journal officiel, car, le 12 février, il adressait à ses collègues de Paris la lettre suivante, qui mérite à tous égards
d'être reproduite :

      « Messieurs,

  « Le *Journal officiel* contient un article *odieux* contre le
« décret du 28 janvier frappant les magistrats qui n'ont
« pas craint de s'associer aux commissions mixtes. Le gou-
« vernement de Paris vient faire subir encore à la délégation
« cette dernière injure. Glais-Bizoin et moi, qui ne sommes
« pas députés, nous ne pouvons nous défendre ; mais j'ai
« la conviction que Gambetta et Fourichon feront entendre
« à la Chambre le langage de la plus légitime indignation,
« et relèveront aux yeux de tous la haute leçon de morale
« infligée par la république à la plus coupable lâcheté qui
« ait jamais dégradé la magistrature. Et si l'Assemblée blâ-
« mait cet acte émané de leur conscience comme de la nô-
« tre, les protestations de deux hommes de cœur auraient
« dans le pays un retentissement qui sera le jugement
« suprême.

  « Usant des pleins pouvoirs que vous m'avez délégués,
« j'ai voulu, le 16 octobre, sauver la France et la républi-
« que en convoquant les électeurs, qui auraient nommé des
« députés républicains. Vous m'avez envoyé par ballon vo-
« tre veto impératif, devant lequel, le désespoir au cœur, il

« a fallu m'incliner. Et c'est au moment où, sous l'armis-
« tice prussien, la France et la république sont en si grand
« péril, que vous venez frapper la délégation, elle qui a
« su relever l'honneur des armes françaises écrasé sous les
« désastres de l'empire.

« Vous voudrez bien, à partir de ce moment, hélas! trop
« tardif, ne plus m'envoyer de décrets à signer. J'espère
« pouvoir demain déposer mes pouvoirs dans l'Assemblée;
« je les laisserai avec l'immense regret de ne pouvoir main-
« tenir la publication du décret impératif que vous imposiez
« si brutalement à vos collègues, et d'être resté dans le
« gouvernement en cédant à vos instances.

« Recevez, etc.   AD. CRÉMIEUX. »

Il y aurait un volume à écrire sur cette lettre révélatrice,
mais je ne veux pas sortir de mon sujet. On remarquera
seulement comment l'avocat-dictateur qualifie la décision du
gouvernement de Paris du 8 février : pour lui elle est simplement « odieuse. » Il est vrai que cet homme qui ne respecte rien, et lui moins que tout autre, voyant l'impuis-
sance de sa haine et rongeant son frein, jette aussi à la
magistrature, qu'il voit échapper à sa vengeance, de gros-
siers outrages : « coupable lâcheté,... dégradation, » par
lesquels il donne un libre cours à sa rage inassouvie.

Avant de m'occuper des autres décrets rendus par M. Crémieux, je veux faire remarquer qu'avant de déclarer déchus
les magistrats portés dans le décret du 20 janvier, ce ministre avait déjà violé le principe de l'inamovibilité. Voici
cinq décrets rendus contre des magistrats nommés depuis
le 4 septembre, qui avaient échappé peut-être au public, et
qui existent pourtant au *Moniteur* :

1° *Moniteur* du 12 octobre 1870, décret du 9 octobre :
« Juge suppléant à Melle, M. Eprinchard, notaire à Melle,
en remplacement de M. Geoffréan, révoqué. »

2

2° *Moniteur* du 18 octobre, décret du 14 : « Le décret du 7 octobre dernier, qui a nommé M. Bachelot juge suppléant à Saint-Nazaire, est rapporté. »

3° *Moniteur* du 9 novembre, décret du 6 novembre : « M. Roque, président du tribunal civil de Toulon, est suspendu de ses fonctions. »

4° *Moniteur* du 1er février 1871, décret du 30 janvier : « Le décret du 22 novembre, qui nomme juge suppléant à Villefranche (Aveyron) M. Granier, non encore installé, est rapporté. »

5° *Moniteur* du 13 février 1871, décret du 8 février : « Le décret du 4 février, qui a nommé juge à la Rochelle M. Vivier, non encore installé, est rapporté. »

La formule varie dans ces décrets, mais le fond est le même ; les cinq décisions ministérielles prononcent la révocation ou la suspension de juges, magistrats inamovibles, presque tous nommés par M. Crémieux lui-même

Enfin le *Moniteur* du 18 février nous réservait une dernière surprise ; on y lit en effet le décret suivant, daté du 7 février :

« La suspension prononcée contre M. Rigaud, premier « président de la cour d'appel d'Aix, est levée ; le premier « président reprendra l'exercice de ses fonctions. »

Ainsi non seulement un président de tribunal, mais un premier président de cour avait été suspendu. Quand ? par qui ? pour quels faits ? Voilà ce qu'on ignore absolument. J'ai vainement cherché dans les journaux officiels, depuis le 4 septembre, la décision qui avait frappé M. Rigaud, je ne la connais pas ; mais si cette décision n'émanait pas de la Cour de cassation, elle était illégale, aussi bien que la suspension de M. le président de Toulon, aussi bien que les décrets de déchéance, et elle devra, pour le respect des principes, subir le même sort.

V

Je veux encore, à propos des décrets portant atteinte à l'inamovibilité, rappeler deux pièces qui montrent le projet dès longtemps caressé par l'avocat démagogue, et l'entente cordiale qui régnait entre lui et certains préfets, lesquels devançaient même, comme on le verra par les dates, la justice de cet honorable dictateur.

Je me borne à copier. Le premier document émane de M. Crémieux :

« *Aux procureurs généraux.*

« Le garde des sceaux, ministre de la justice, apprend
« avec un douloureux étonnement que des magistrats ont
« été arrêtés et mis en prison, soit sur mandat, soit sans
« mandat de justice ; l'arrestation fondée sur ce que ces
« magistrats auraient fait en 1851 et 1852 partie des com-
« missions mixtes qui ont laissé de si détestables traces de
« leurs décisions.

« Ces arrestations sont illégales, et le garde des sceaux
« donne l'ordre de mettre immédiatement en liberté ceux
« qui sont arrêtés sous une pareille inculpation. Leur con-
« duite à cette époque désastreuse eût-elle constitué un
« crime, la prescription les couvrirait depuis 1852, et par
« conséquent leur arrestation serait frappée d'illégalité.

« Le garde des sceaux, sur des réclamations faciles à
« comprendre de la part d'honorables citoyens victimes
« d'un coup d'Etat, a fait demander la liste des magistrats
« qui ont siégé dans ces commissions. C'est à lui qu'il ap-
« partient de proposer au gouvernement les mesures qu'il
« croira convenables à l'égard des membres de ces odieuses

« commissions qui sont encore sur le siége. Mais aucun
« citoyen, aucune autorité n'a le droit, que n'aurait d'ail-
« leurs, après vingt-deux ans de silence, aucun pouvoir
« constitué, d'exercer une violence quelconque sur leur
« personne.

« Le garde des sceaux rappelle aux fonctionnaires qui,
« par excès de zèle, se livreraient à des actes illégaux, que
« l'article 75 de la constitution de l'an viii est aboli. Il est
« d'ailleurs très-résolu à ne pas laisser violer la loi par les
« fonctionnaires de la république : la république, c'est le
« règne de la loi.

« Tours, le 4 novembre 1870.

« *Le garde des sceaux, ministre de la justice, membre et
représentant du gouvernement de la défense nationale,*

« Ad. Crémieux.

« Veuillez communiquer cette circulaire à toutes les au-
« torités judiciaires et civiles. »

Il n'est pas inutile de faire remarquer que M. Crémieux
annonce dans cette circulaire qu'il *proposera* au gouvernement des mesures ; on a vu le 30 janvier qu'il a préféré les
prendre lui-même, au moment où il a senti s'écrouler sa
dictature.

Le second document est un arrêté de M. Duportal, préfet
de Toulouse :

« Le préfet de la république, commissaire à la défense
« nationale pour le département de la Haute-Garonne,

« Considérant que les lois de la morale sont antérieures
« et supérieures à toute loi écrite ;

« Attendu que si l'attentat de décembre 1851 a déjà subi
« les flétrissures de l'histoire, l'expiation de Sedan et les
« malédictions du pays, la conscience publique n'a pas

« cessé d'être troublée par l'impunité réservée jusqu'à ce
« jour aux instruments de ce crime, et particulièrement
« aux magistrats qui ont prostitué la justice au violateur
« de la constitution, en couvrant d'une apparence de léga-
« lité les décisions sommaires de tribunaux exceptionnels,
« sans garanties, sans jugement, sans appel ;

« Considérant en outre que le triste exemple donné à
« cette occasion par les dépositaires de la loi constitue, pour
« le respect dû à la justice, un échec moral autrement grave
« que toute atteinte portée au principe contestable de l'in-
« violabilité de la magistrature ;

« Attendu que le nommé Degrand, actuellement prési-
« dent du tribunal civil de Toulouse, a participé en décem-
« bre 1851, comme procureur de la république à Perpignan,
« de complicité avec le préfet Pougeard-Dulimbert et le gé-
« néral Castellane, aux décisions prévôtales de la commis-
« sion mixte du département des Pyrénées-Orientales ;

« Vu les instructions ministérielles prescrivant la forma-
« tion des listes des proscripteurs de décembre 1851 et de
« leurs victimes,

« Arrête :

« Art. 1. Les magistrats qui ont siégé dans les commis-
« sions mixtes instituées à l'appui du crime de décembre
« 1851 sont déclarés indignes de rendre la justice.

« Art. 2. En attendant qu'une sentence réparatrice in-
« flige une sanction pénale à cette indignité, il est interdit
« au nommé Degrand, président du tribunal civil de Tou-
« louse, d'occuper un siége du haut duquel il a trop long-
« temps bravé la pudeur publique.

« Art. 3. Le présent arrêté, rendu à la demande des hon-
« nêtes gens de tous les partis, sera immédiatement notifié
« au nommé Degrand par les soins du directeur de la sûreté

« publique à Toulouse. Son exécution est placée sous la
« protection de la garde nationale.

« Toulouse, 3 novembre.

« Le préfet de la république, commissaire à la défense nationale,

« ARMAND DUPORTAL. »

Le décret spécial de déchéance rendu le 3 février 1871
contre M. le président Degrand fait supposer que l'impudent arrêté ci-dessus était resté lettre morte.

VI

J'ai exposé sans commentaires ce qui est relatif aux décrets portant atteinte à l'inamovibilité. Je vais examiner
maintenant les autres décrets rendus par M. Crémieux pendant ses cinq mois de ministère, je veux dire d'arbitraire.

Après ce double exposé viendra ma conclusion.

Si l'on jette un regard d'ensemble sur cette prodigieuse
quantité de décrets, on ne peut se défendre d'une impression étrange. Cette orgie de révocations, de nominations, de
suspensions, se ruant les unes sur les autres, confondant
les noms, les titres, gorgeant ceux-ci, dépouillant ceux-là,
vous transporte comme dans un camp qui vient d'être forcé
et où se dressent à la hâte les listes d'attributions pour régler le pillage. Quand Octave, après ses victoires, partagea
les champs de la Lombardie entre ses soldats, on affichait
chaque jour les lots dont le général dépouillait les propriétaires vaincus pour en faire la récompense des services reçus de ses alliés pendant la guerre civile. Qui ne se rappelle
la première églogue de Virgile? Des villas de plaisance, de
grosses fermes, des bois, des champs fertiles étaient distribués au hasard par l'ancien partisan devenu, par le droit

de la force, maître de la république ; le vainqueur consul-
tait moins les services rendus que l'exigeante avidité de
ceux qui avaient d'avance marqué le prix de leur concours
ou de leur trahison. Les soldats, mal partagés au premier
moment, recevaient, sur leur refus d'un maigre butin, dix
fois plus qu'ils n'avaient eu d'abord ; rien n'entravait la gé-
nérosité du général : il n'avait qu'à prendre pour donner.
Dans ce pillage, on a vu plus d'une fois des propriétaires
effrayés, maudissant le conquérant pillard la veille de sa
victoire, et qui le lendemain se sont empressés de le com-
plimenter pour conserver leur champ ; parmi ceux-là, quelques uns, plus âpres à la curée que les légionnaires vainqueurs eux-mêmes, et avides comme les ouvriers du lendemain, n'ont pas craint de demander et de s'approprier les
champs de leurs voisins pour payer leur empressement à
saluer le succès et le pouvoir naissant.

Hélas ! pourquoi faut-il qu'après dix-neuf siècles les mêmes scènes recommencent ? Horace Vernet n'a-t-il pas montré, dans la prise de la smala d'Abd-el-Kader, ces figures
de commerçants douteux, de pillards de champs de bataille,
plus âpres au pillage que les soldats vainqueurs ?

Mais laissons Octave et les juifs d'Horace Vernet. Reve-
nons à M. Crémieux, et, avant de discuter le droit, posons
bien les faits dans toute leur nudité.

Que doit-on voir dans le millier de décrets publiés ? Doit-on
supposer que M. Crémieux, sachant d'avance que le 4 septembre il serait maître de la justice, jugeant aussi de l'in-
suffisance des magistrats, ait à loisir formé les cadres d'une
magistrature réformée, après avoir examiné les titres, la
capacité des candidats de son choix, et les avoir comparés à
ceux des magistrats qu'il voulait remplacer ? Faut-il penser
que ce partisan, je veux dire ce ministre, prévoyant la chute
de Sedan, ait ainsi, dans sa sagesse et son amour de la
France, préparé pour sa chère patrie, dans le silence de son

cabinet, tout un personnel judiciaire prêt à composer la justice de l'avenir?

S'il en était ainsi, qui n'admirerait cette prévoyance et ce
dévouement patriotiques? Mais comment expliquer dans ce
cas certaines anomalies, telles que ces trois ou quatre nominations successives accordées en quinze jours au même individu? Notre hypothèse exclut chez M. Crémieux toute autre
pensée que celle du bien public, et notamment celle de sa-
tisfaire sans limites des ambitions personnelles. Il faut y
renoncer. Je crois qu'il serait aussi inutile d'en chercher
d'autres du même genre pour expliquer l'œuvre de cet avocat; pour la comprendre, il suffit de la parcourir.

Qu'y voyons-nous? Je vois d'abord frapper les magistrats
les plus irréprochables, ceux que la conscience publique
sait être capables et honnêtes, estimés et aimés. Loin de
moi les personnalités : chacun est libre d'appliquer mes ap-
préciations ainsi qu'il l'entend; pour moi, je ne parle qu'au
point de vue général, et je proteste contre toute intention
d'attaque personnelle. Je constate que les plus honorables
et les plus honorés ont été frappés.

Qui n'a vu le désordre grotesque, les erreurs de personnes et de lieux, les rectifications bizarres qui émaillent
ces longues colonnes de proscriptions, je veux dire de nominations, du *Moniteur* de chaque jour? On peut voir que
M. Crémieux a éloigné des magistrats qui depuis un an ou
deux n'occupaient plus le poste auquel il croyait se donner
la joie de les remplacer. On peut voir que cet impitoyable
vainqueur, plus fort qu'Octave, ne s'est pas contenté de dépouiller les vivants : un vieux et respectable juge de paix
de la Drôme a eu l'insigne privilége d'une révocation pos-
thume. Mort et remplacé depuis près d'un an, il portait,
paraît-il, encore ombrage à l'homme qui veillait si bien à
l'honneur de la justice; aussi par delà le tombeau a-t-il été
révoqué sans pitié. Un magistrat est remplacé comme chef

d'un parquet où il n'était plus depuis deux ans au moins.
Lequel voulait frapper l'aveugle ministre, de l'ancien chef
de ce parquet ou de son successeur? Et combien voit-on de
ces ridicules et déplorables mesures! (Voir les décrets des
23 et 24 septembre.)

Mais devant cette audacieuse profanation de la justice,
je n'ai pas le courage de garder le sourire aux lèvres ; malgré mes efforts, l'indignation et le mépris l'emportent.

Qu'a fait M. Crémieux? Du 4 septembre au 14 février, il
n'a eu qu'une règle : la satisfaction de toutes les avidités, la
récompense de toutes les dénonciations les plus ignobles et
les plus ineptes. Je puis donner à cet égard l'opinion d'un
honnête homme qui, en raison des opinions républicaines
de toute sa vie, s'est trouvé, au 4 septembre, porté à un
poste éminent de la magistrature, et qui s'en est retiré par
dégoût. « Vous savez, m'écrivait-il dans une lettre que
« j'ai conservée, que l'on révoque sans consulter le procu-
« reur général. »

Il est évident, en effet, que la plupart des révocations et
nominations faites n'ont eu et n'ont pu avoir d'autre cause
que la dénonciation particulière, la convoitise de certains
individus se disant républicains, et les dénonciations de
certains comités démagogiques, composés d'ordinaire de
gens repoussés par le suffrage de leurs concitoyens. Qu'on
interroge un habitant de la Drôme, cette patrie d'un jour
de l'autocrate; il en racontera là-dessus beaucoup plus
que je n'en voudrais écrire.

Il est instructif de parcourir les décrets signés par
M. Crémieux. On voit le même individu avoir successive-
ment en un ou deux mois, souvent moins, jusqu'à trois,
quatre et cinq nominations successives. On lit un jour un
décret nommant un avocat à l'un des postes les plus mo-
destes des tribunaux. Peu de jours après le même est placé
dans l'état-major d'une cour importante. Le même reçoit

en moins d'un mois deux nominations de sous-préfet et autant de procureur de la république, sans que son ambition soit satisfaite par des faveurs que je me contente d'énumérer.

Certains postes ont le privilége de voir renouveler chaque semaine leurs titulaires : on voit le procureur général de Chambéry changer cinq fois en deux mois ; on voit le parquet de Valence confié en cinq ou six semaines à trois chefs successifs ; celui de Montélimar passe, du 15 septembre au 29 novembre, en cinq mains différentes. L'un des magistrats qui l'ont occupé a même été l'objet d'une mission spécialement dérisoire et inqualifiable. M. Tesseire, procureur impérial à Nyons, maintenu à son poste jusqu'au 15 septembre, est nommé à cette date, sans avoir rien demandé, procureur de la république à Montélimar, où, par suite d'instructions pressantes, il est obligé de s'installer d'urgence. A peine installé, un décret du 27 septembre l'appelle à d'autres fonctions qu'il attend encore, ou plutôt qu'il a d'avance refusées par lettre directement adressée à M. Crémieux. Je n'ai pas à raconter ici les causes méprisables qui ont amené les deux décrets.

Par contre, en même temps que certains parquets regorgent de titulaires, certains barreaux se dépeuplent avec une rapidité difficile à expliquer. Je prends pour exemple le barreau de Valence, le chef-lieu « de la chère Drôme (1) » de M. Crémieux. Dans l'annuaire de 1870, ce barreau compte vingt avocats ; parmi eux, quelques uns ont quitté la robe pour le fusil du mobilisé ou du volontaire ; l'un de ces derniers est tombé glorieusement à Paris devant l'ennemi. Sur ceux qui restaient, sept ont reçu de M. Crémieux des robes de magistrats, cinq robes rouges et deux ro-

---

(1) Souvenir d'un appel électoral plaintif et sans succès adressé le 7 février par M. Crémieux à ce département.

bes noires ; deux ou trois ont été procureurs généraux ; ces sept magistrats ont été l'objet de dix décrets, deux d'entre eux ayant eu chacun deux nominations successives, et un autre ayant été remplacé ou révoqué après six ou sept semaines de fonctions.

Un autre barreau de la Drôme, celui de Nyons, relativement aussi heureux, a pour sa part, sur sept avocats, fourni à la république naissante deux magistrats et un sous-préfet. On voit quel empressement les barreaux ont mis à se dévouer à la défense nationale.

Mᵉ Crémieux pense évidemment, comme ceux qu'il a nommés, qu'on s'improvise procureur général, procureur de la république ou conseiller comme on s'installe épicier ou marchand de vins ; son collègue Gambetta improvisait de même des généraux avec des apothicaires, et des préfets avec des condamnés correctionnels. On a vu à l'œuvre ces guerriers si terribles dans les assauts de couvents, et ces préfets si habiles à spolier et à emprisonner leurs administrés. Hélas ! qu'ont fait tant de ces magistrats sortis de la cervelle du fameux délégué ?

Ce qu'on a remarqué, et ce qui était en effet remarquable, c'est que les faveurs du maître ne tombaient guère sur les noms illustres du barreau, sur ces avocats si nombreux dans toutes nos villes, que recommandent leurs talents et leur caractère. Plus perspicace sans doute que la voix publique, le dictateur choisissait de préférence ceux que leur oisiveté forcée, leurs allures démagogiques, ou même leurs condamnations antérieures lui désignaient comme les plus solides appuis de la justice ; le talent était fort accessoire, et, suivant l'expression du poëte de Louis XIV, « un « coup d'œil de *Crémieux* enfantait des *merveilles*. »

Plus d'un magistrat d'origine impériale a été maintenu. On en voit même qui ont eu les premiers des postes de choix, hors de toute proportion avec l'avancement légitime qu'ils auraient pu demander.

Il en est parmi eux qui s'étaient fait remarquer au loin, sous l'empire, par la manière regrettable dont ils avaient soutenu certaines candidatures officielles des plus criantes et des plus scandaleuses. L'empire les en avait récompensés déjà par les 'faveurs' qu'il réservait à ses souteneurs sans scrupule. Mᵉ Crémieux les a traités mieux encore, et a continué pour eux l'œuvre de Napoléon III, en leur accordant les plus gros bénéfices. Que voulait donc récompenser ainsi ce ministre républicain ?

Pour faire mieux ressortir ces avancements scandaleux, on a frappé, je ne dirai pas sans pitié, mais avec la joyeuse indifférence d'un enfant qui brise un jouet, les magistrats les plus recommandables, ceux qui avaient le plus résisté aux mauvaises suggestions du régime impérial, qui s'étaient renfermés dans leurs vraies fonctions judiciaires, qui avaient su le mieux mériter l'estime de leurs concitoyens.

A voir l'aveugle rage de cet homme, frappant au hasard, sans discernement et sans examen, suivant les dénonciations ou les convoitises de ses courtisans et de ses sicaires, on eût dit un fléau inconscient, un instrument inerte obéissant à une volonté irrésistible et cachée. Cet homme semblait avoir pour mission de ravager et de détruire pour châtier. C'est là ma pensée, et je la développerai ailleurs que dans cette courte notice.

La difficulté d'entrer dans plus de détails sans faire des personnalités m'empêche de parler plus au long des décrets de M. Crémieux. Je veux me tenir dans des observations générales, et je laisse au lecteur à rechercher entre les lignes de ces décrets les circonstances particulières qui en démontrent le déplorable caractère.

J'ai dû nécessairement, à propos des décrets du 20 janvier et jours suivants, nommer certains magistrats et apprécier des faits rendus publics par tous les journaux.

Je veux encore, avant de passer à la dernière partie de

mon travail, appeler l'attention sur deux documents : l'un
est une lettre de M. Crémieux, l'autre un discours prononcé
par un des hommes qu'il a imposés à la magistrature.

La lettre de l'ex-délégué de Bordeaux a reçu en fait une
publicité relative, puisque plusieurs centaines de personnes
l'ont lue ; mais je dois retrancher les personnalités et ne re-
produire que le passage ayant trait au sujet dont je m'oc-
cupe. Voici ces lignes naives :

« Bordeaux, 15 février 1871.

« Mes très-chers concitoyens,

« On me remet aujourd'hui seulement votre lettre du ...
« Je ne saurais vous dire si j'ai contribué pour beaucoup
« aux nominations que vous me rappelez ; tout ce que je
« puis vous dire, c'est que tout ce que je pouvais accorder
« à ce que l'on me demandait de la Drôme, je l'accordais. »

Le dictateur déchu, se retranchant pour les détails der-
rière un semblant de modestie ou de manque de mémoire,
ne peut pas avouer plus nettement qu'il a donné à tous les
mendiants, servi toutes les haines et toutes les vengeances,
gorgé toutes les convoitises. Certains théoriciens préten-
dent qu'en matière criminelle l'aveu ne peut être une preuve.
Pour moi qui écoute le simple bon sens, je trouve qu'il
est au contraire très-bon à enregistrer.

Maintenant, deux mots d'un discours qui n'a point passé
inaperçu, mais qui mérite mieux que la publicité restreinte
de quelques journaux. M. de Saint-Gresse, avocat nommé
le 7 septembre procureur général, et le 31 décembre premier président à Toulouse, a prononcé le 16 janvier, dans
son discours d'installation, des paroles qui démontrent
combien les élus de M. Crémieux répondaient aux suggestions démagogiques d'une délégation représentée par le dra-
peau rouge et les communes révolutionnaires. Je copie

dans ce factum quelques lignes relatives à la révolution de 93. « Elle se heurta, dit l'orateur, contre des obstacles « inouïs : la féodalité, la royauté, la noblesse, les priviléges, « le clergé, l'émigration, l'esprit provincial, l'Europe en- « tière ; elle les a vaincus. *Le 14 juillet, les 5 et 6 octobre,* « *le 10 août, le 31 mai, le courant populaire renversa tous* « *ces obstacles. Chacune de ces secousses gigantesques a fait* « *faire, cela est vrai, un pas à la Révolution. Le club des* « *Jacobins et la Commune de Paris furent les moteurs de ce* « *mouvement immense d'où est sorti le monde moderne.* » (Voir le *Journal de Toulouse* du 18 janvier 1871.)

Sans donner ici des détails historiques que chacun peut trouver dans sa mémoire ou dans le premier livre venu, je constate que les cinq journées dont ce premier président fait l'apologie sont des plus funestes, des plus hideuses, des plus infâmes de la Révolution. Ce sont les journées d'insurrections, de triomphes de la rue, de violation du pouvoir exécutif et des assemblées, de massacres sans nom ; ce sont des attentats que tous les partis ont répudiés par pudeur, des souvenirs que la France voudrait pouvoir effacer de ses annales, des crimes qui l'ont plongée dans des désastres et des calamités sans fin.

Et c'est là ce que glorifie devant une cour assemblée un premier président, ce représentant suprême de la justice et du droit !

Il va plus loin, et rend au club des Jacobins et à la Commune de Paris ce singulier hommage qu'ils ont enfanté le monde moderne. Quant à cela, monsieur, je répudie avec indignation la généalogie infâme que vous prétendez imposer à notre époque. Libre à vous, suivant vos idées, de vous dire le descendant des Jacobins et des hommes de la Commune. Pour moi, pour tous ceux qui ont quelque souci de leur honneur, je repousse avec horreur la moindre parenté morale ou politique avec ces monstres souillés de tous les crimes, ces hontes de l'espèce humaine.

J'ajouterai un seul mot relativement à ces actes et à ces paroles que leur publicité me donne le droit de juger. Si un avocat, un avoué se permettait de prononcer à l'audience les paroles sinistres qu'on lit dans le discours de M. de Saint-Gresse, cet avocat, cet avoué serait immédiatement poursuivi pour apologie d'actes qualifiés crimes par la loi pénale; l'application de l'article 3 de la loi du 27 juillet 1849 serait requise contre lui. Non seulement il y aurait poursuite correctionnelle, mais une action disciplinaire suivrait le jugement rendu. Est-ce que la situation donnée par M. Crémieux à M. de Saint-Gresse mettrait ce dernier au dessus des lois? Je me contente de poser la question. Il appartient à d'autres de la résoudre.

Quant à ce procureur général qui, préférant une mesure révolutionnaire au droit public de son pays, a prêté l'autorité dont on l'avait revêtu à celui qui violait audacieusement la loi; ce procureur général qui, pour assurer l'exécution d'une illégalité et monter sur un siége de premier président, a menacé de déchéance et de destitution une cour entière et toutes les corporations qui lui sont attachées; qui, dans le même double but, a interrompu le cours de la justice, que doit-on penser et dire de lui? Pour moi, je n'en dirai rien. Je ferai seulement remarquer que si un substitut, dont la responsabilité ne peut être comparée à celle d'un procureur général, se permettait quelque chose qui ressemblât, même de loin, à ce que tous les journaux ont publié du magistrat dont je parle, ce substitut serait sans aucun doute destitué disciplinairement, sinon poursuivi conformément à plus d'un article du code pénal.

VII

J'en ai dit assez. J'ai exposé l'œuvre accomplie; j'ai montré les fruits qu'elle devait porter, et qui s'annoncent si bien par les paroles et les actes des deux hommes dont je viens de parler. Il en est bien d'autres, et j'en sais qui, à l'heure où j'écris ces lignes, sont l'objet d'une information judiciaire (5 mars 1871). Maintenant il est temps de conclure.

La première question à se poser est celle-ci : Quel était le droit, quel était le pouvoir de M. Crémieux? Quels sont les droits et l'autorité des magistrats qu'il a nommés? M. Crémieux et ses collègues de Paris ont été proclamés à l'Hôtel-de-Ville par un rassemblement parisien plus ou moins considérable, comme la plupart des gouvernements révolutionnaires, après avoir renversé le gouvernement qui existait. Je n'apprécie pas ce qui s'est passé, et surtout je n'ai pas la pensée de défendre l'empire; je constate un fait, voilà tout. Quel était le but avoué, le seul but du nouveau gouvernement? La défense nationale. Est-ce que les hommes qui se sont emparés des affaires le 4 septembre avaient la pensée qu'ils pouvaient même composer un gouvernement provisoire pour la France, hors du cas de la nécessité urgente causée par l'invasion prussienne? Pas le moins du monde, et ils l'ont exprimé assez clairement plus d'une fois, en adoptant le nom même de gouvernement de « défense nationale, » et en proclamant « qu'ils n'étaient pas au pouvoir, mais au combat. » Je n'ai qu'une grande estime pour plusieurs de ces hommes qui ont montré un courage, une honnêteté et une abnégation dont la démagogie les a mal payés, mais que la France n'oubliera pas; mais je ne serai pas contredit en affirmant que la France n'eût jamais composé par son libre choix un gouvernement avec les éléments de celui du 4 septembre.

Il est donc certain, soit au point de vue du droit, soit à ceux de la logique et du bon sens, que le gouvernement des députés de Paris n'a reçu de la nation aucun mandat, ni exprès ni tacite, pour faire les affaires du pays. Tout au plus a-t-il été tacitement accepté pour diriger les opérations de la défense nationale.

Si cela est vrai du gouvernement, à plus forte raison est-ce vrai des deux ou trois hommes délégués par lui à Tours et à Bordeaux.

De cela il résulte que, si ces hommes s'étaient appliqués uniquement aux mesures intéressant la défense, ils eussent été, dans le revers comme dans le succès, couverts par le mandat ou l'acceptation tacite du pays; mais en dehors de cette mission, déjà bien difficile et bien grande, ils n'ont pu qu'occuper sans excuse un pouvoir que la France leur eût certainement refusé.

Appliquons ces principes aux actes de la délégation. Il est évident que la défense obligeait les ministres à nommer des officiers, des intendants, des généraux. On comprend aussi que les préfets et sous-préfets étant chargés d'organiser la garde nationale mobilisée, le gouvernement pût choisir ces agents suivant les besoins exceptionnels auxquels ils devaient pourvoir.

Mais en quoi les procureurs généraux ou de la république, les substituts, les conseillers, les juges touchaient-ils à la défense nationale? Quel rôle devaient-ils jouer dans la guerre? Pouvaient-ils l'organiser ou l'entraver? Quelles instructions devaient-ils recevoir et exécuter? Depuis le 4 septembre, les parquets n'ont reçu, ayant trait aux événements, que l'ordre de faire arrêter Piétri, Bazaine, Lebœuf et Frossard. Est-ce pour assurer ces chimériques arrestations que M. Crémieux a frappé tant d'irréprochables magistrats et fait les nominations que l'on sait?

Ou bien choisissait-il des chefs de parquet disposés à s'associer à certaines mesures révolutionnaires demandées par les républicains de la rue, telles que la visite et la dispersion des couvents, « ces repaires de la réaction, ces arsenaux d'armes cachées par les aristocrates? » Je connais des magistrats qui ont eu à s'opposer à ces violations du droit et qui l'ont fait malgré la pression officielle de l'adminis-

tration républicaine. Est-ce pour exécuter ces violations de
la liberté et de la propriété que M. Crémieux voulait organiser des parquets de son choix ?

Est-ce qu'on a touché aux administrations qui pourtant
intéressaient directement, à certains points de vue, la défense
et la guerre ? A-t-on révoqué des ingénieurs ou d'autres
agents des ponts et chaussées ? A-t-on remanié les services
financiers ?

Il est évident, par ce qui précède, que M. Crémieux et
ses collègues n'avaient aucune espèce de droit, aucune
mission, aucun mandat, aucun pouvoir exprès ou tacite
pour révoquer les magistrats, pour désorganiser la magistrature et y introduire les éléments que chacun peut apprécier. S'ils s'étaient bornés à pourvoir régulièrement sur présentations aux vacances normales, personne n'aurait la
pensée de réclamer contre de simples mesures d'administration ; mais rien ne ressemble moins à de l'administration
que l'œuvre de M. Crémieux. Ses avalanches de décrets révolutionnaires ne sont que le résultat d'une usurpation bru-
tale, violente et sans excuse comme sans utilité.

Par conséquent, M. Crémieux n'ayant aucun droit n'a pu
pu donner non plus aucun pouvoir, aucun droit légal à
ceux qu'il a introduits dans la magistrature. Cette conséquence est évidente, nécessaire, et s'impose à quicon-
que examine de sang-froid les événements et les actes.
Supposons un instant que le 31 octobre ou le 22 janvier
la populace se fût emparée de l'Hôtel-de-Ville en mas-
sacrant le général Trochu et ses collègues. Cette populace aurait sans doute choisi son ministre de la justice,
qui, lui aussi, aurait à son tour rempli les tribunaux de ses
procureurs et de ses présidents ; de même à Lyon, si les
assassins d'Arnaud avaient pu, dans une de leurs tenta-
tives, mettre la main sur le pouvoir, ils en auraient fait
autant. Et qui accepterait des magistrats semblables ?

Je ne veux, il est bon de le répéter, faire injure à aucun des favoris de M. Crémieux; mais je dis qu'en cédant une fois, *sans aucune nécessité*, à la force, et en acceptant le résultat de la violence, de l'arbitraire, de la délation, on se place bénévolement sur une pente fatale où rien ne peut arrêter. Si un pouvoir régulier accepte, sans y être forcé, l'œuvre accomplie par une usurpation sans excuse, ce pouvoir perdra nécessairement toute force et tout prestige. Chaque factieux se dira qu'il n'est pas inutile de renverser le gouvernement, et que, s'il ne réussit pas à garder le pouvoir, il est sûr du moins d'y laisser des complices ou des créatures et de tirer un profit quelconque de sa criminelle violence. Et cette tolérance fatale nous entraînera de plus en plus dans le gouffre où nous ont jetés tour à tour les huit ou dix révolutions qui ont ensanglanté la France depuis quatre-vingts ans.

VIII

Je parle, qu'on le remarque bien, de tous les décrets rendus par un dictateur sans mandat, sans pouvoir, et qui par conséquent n'a pu donner à d'autres ce qu'il n'avait pas. Le principe que j'établis rend évidemment nulles toutes les nominations, toutes les révocations qu'il a faites, soit de magistrats amovibles, soit de magistrats inamovibles. Examinons les objections que l'on peut me faire.

1° Quant aux décrets par lesquels M. Crémieux a *révoqué*, déclaré *déchus*, *exclus* ou *suspendus* des magistrats inamovibles, ils seraient nuls, même étant l'œuvre d'un garde des sceaux régulièrement nommé par un pouvoir légal. Tout acte d'un ministre, contraire à une loi positive du pays, serait cassé par le pouvoir compétent, sur la demande des tiers lésés. Ces mêmes actes émanant d'un homme sans mandat ne peuvent être évidemment qu'une lettre morte ; il reste aux personnes nommées dans ces actes à voir ce qu'il leur convient de faire quant aux outrages, aux diffamations et aux calomnies que ces actes peuvent renfermer contre elles. Aucune objection ne peut être alléguée pour leur attribuer une valeur et des effets qui ne sont basés sur rien.

Si l'on prétend que ces magistrats ont commis des actes contraires à la loi ou à leur caractère, le garde des sceaux a le droit et le devoir de les faire poursuivre devant les tribunaux ou devant la juridiction disciplinaire ; la répression est assurée dans les deux cas, de façon à ne laisser en souffrance aucun intérêt moral ou privé. Hors ces deux voies, toute mesure est illégale et n'a d'autre caractère que la violence révolutionnaire.

Une conséquence forcée de la nullité absolue des décrets du 20 ou 28 janvier et jours suivants est la nullité des nominations qui en ont été la suite et l'exécution. Les divers premiers présidents, conseillers et présidents nommés pour remplacer les *déchus*, et tous les magistrats nommés pour succéder à ceux-là, ne peuvent chercher dans leurs décrets qu'un honneur purement platonique de la part du ministre aujourd'hui bien réellement déchu (1).

2º Venons aux décrets qui ont nommé ou révoqué des magistrats amovibles. Il est certain, quant à cette catégorie de décrets, qu'il suffit pour les réduire à néant de la volonté du ministre d'un pouvoir régulier. Aucune objection ne peut être faite au garde des sceaux qui ne croira pas devoir maintenir les magistrats nommés par fournées révolutionnaires, ou laisser à d'autres un avancement sans raison, et qui verra une obligation de justice et de morale à rappeler

---

(1) Au moment où s'imprime cette notice, M. le garde des sceaux fait prononcer par une loi la nullité des décrets de déchéance ; c'est le commencement de ce qui est à faire.

aux postes dont ils ont été expulsés par la violence d'honnêtes et loyaux magistrats.

Pour ces derniers encore, s'il en est qui méritent quelque reproche, qu'on use à leur égard de la justice disciplinaire. Malheureusement les membres du parquet sont, d'après nos institutions actuelles, des agents du pouvoir exécutif, et ils doivent exécuter les ordres de poursuites qu'ils reçoivent. Un avenir prochain apportera, j'espère, les réformes désirables à cette magistrature. En attendant, si des magistrats amovibles ont compromis leur caractère, il est facile de les atteindre légalement; j'ajoute que c'est le devoir de leur chef hiérarchique de provoquer la répression. Que M. Crémieux veuille bien indiquer, s'il l'ose, à M. le garde des sceaux les vrais motifs de la révocation de chacun d'eux, et, sur l'accusation légale du ministre de la justice, la justice disciplinaire ou les tribunaux prononceront. Tant que M. Crémieux ne produira pas ses imputations, tant qu'il gardera le silence, j'ai le droit, moi, magistrat, qui ai vu un si grand nombre de magistrats irréprochables chassés de leurs siéges, de dire qu'ils ont été expulsés par la force, l'arbitraire inqualifiable, et par d'autres raisons qu'on n'ose avouer. J'ai ce droit, et j'en userai.

Peut-être quelque partisan de la république du droit divin dira-t-il que ces magistrats frappés par M. Crémieux n'étaient pas républicains, et qu'on suspectait leur dévouement à la république. Je ne discuterai pas ici la théorie de cette république divine, telle que la qualifient certains préfets; je n'ai pas à établir que celle du 4 septembre n'a été et n'est encore qu'un gouvernement de fait ; les acclamations des rues de Paris, que nos démagogues ont l'inepte audace d'appeler le *peuple souverain*, n'ont pu lui donner d'autre caractère ni d'autres bases. S'il en était ainsi, les rues de la capitale auraient divinisé bien des choses et bien des hommes pour lesquels la France trouverait sans doute d'autres qualifica-

tions. Je me bornerai à dire que le reproche de n'être pas
républicains serait sans valeur aucune, appliqué aux magistrats. On se tromperait étrangement si l'on pensait que la
magistrature s'est associée aux excès et aux vices de l'empire. On a pu voir sans peine que César avait peu de goût
pour les représentants du droit et ne leur avait jamais
montré de bienveillance, et que de son côté la magistrature,
respectueuse pour tout gouvernement établi, n'avait jamais
eu d'affection et n'a pas eu le moindre regret pour un homme
aussi peu soucieux de la justice que de la religion.

Les magistrats n'avaient certainement pas plus de culte
pour la république que n'en avait le reste de la France; mais
aucun de ceux que M. Crémieux a révoqués n'eût failli au
devoir de tout honnête homme, et ces magistrats, suspects
au dictateur de la démagogie, auraient tous, comme l'ont
fait leurs collègues oubliés dans ses proscriptions, fait respecter, dans la limite de leurs attributions, le droit, la justice et le gouvernement de fait que les événements plaçaient
sur la brèche. Pourrait-on rendre le même témoignage à
tous les magistrats du régime de M. Crémieux? La France
a vu les ignobles violences commises dans tant de villes,
au grand jour et presque officiellement, soit sur la personne,
soit sur les biens de tant d'honnêtes citoyens; elle a vu
ces arrestations, ces emprisonnements, ces violations de
domicile, ces vols constatés par tous les journaux, dont les
auteurs, loin de se cacher, agissaient au regard d'une ville
entière. Où donc étaient les magistrats? Que faisaient et
qu'ont fait depuis ce temps ces parquets renouvelés par
M. Crémieux, et chargés, je suppose, comme les autres, de
poursuivre les crimes et de veiller à la sûreté des personnes? Quelle était donc leur mission, et quelle est leur utilité si l'on peut impunément devant eux spolier les citoyens,
violer leur domicile, les emprisonner et faire régner le régime de terreur qui pendant de si longs mois a couvert

quelques grandes ou petites villes d'un voile funèbre? On ne leur demande pas l'héroïsme de se jeter dans la foule pour lui arracher les victimes de son inepte fureur; on a seulement le droit d'attendre d'eux que tant d'infamies ne restent pas impunies et triomphantes.

Eh bien! j'aime à penser que les magistrats suspects à M. Crémieux, et qu'il a chassés révolutionnairement, auraient, à défaut d'autre supériorité, eux, fait leur devoir. Je n'en dis pas plus long pour rester modéré; en signalant à la France des faits aussi graves, je ne cite aucun nom, et je m'arrête devant les personnalités.

3° J'arrive à la troisième catégorie, celle des magistrats inamovibles nommés par M. Crémieux. Est-il logique, est-il légal, est-il possible de la maintenir?

J'ai établi le principe qui répond à ces questions. M. Crémieux n'avait aucun pouvoir régulier et n'a reçu aucun mandat exprès ou tacite, autre que l'acceptation forcée de la France pour sa coopération aux actes de la défense nationale. Est-il logique, est-il légal, est-il possible d'admettre qu'il a pu légalement désorganiser la magistrature, sous le prétexte qu'il s'imposait pour chasser les Prussiens? Où a-t-il pris ses pouvoirs? Quelle autorité a-t-il pu conférer à d'autres, n'en ayant lui-même aucune, si ce n'est celle qu'il s'arrogeait de diriger nos armées?

Je l'ai dit déjà : s'il avait simplement, respectant la loi et les convenances, pourvu sur présentations aux vacances normales, le pouvoir régulier à qui il aurait remis son administration de fait eût évidemment sanctionné ses actes conservatoires. Mais en présence de spoliations systématiques qui outragent le droit et ne sont que des scandales révolutionnaires, on a le droit et le devoir de protester et d'en appeler à la loi contre la force. Quelle est la seule objection qu'on pourra faire? Elle est facile à prévoir, bien qu'elle n'ait aucune valeur. On invoque l'inamovibilité, le

principe même que M. Crémieux a si audacieusement violé;
ma réponse est trop logique pour ne pas venir d'elle-même
à l'esprit du lecteur. L'inamovibilité, comme l'autorité même
des fonctionnaires, ne peut lui être acquise que par une
nomination légale, faite par un pouvoir régulier. Que
M. Crémieux montre ses titres pour signer des décrets de
nomination et conférer l'inamovibilité ou l'autorité aux magistrats! Je ne puis admettre qu'un fait brutal devienne un
droit; il peut être sanctionné, mais tant qu'il ne l'est pas il
reste un simple fait, n'engageant personne que son auteur.
Voilà pourquoi les magistrats assis nommés par M. Crémieux n'ont à mes yeux d'autre droit que celui que pourrait leur donner aujourd'hui une investiture régulière du
gouvernement; si M. le chef du pouvoir exécutif sanctionne
le mandat de fait que leur a donné M. Crémieux, ils acquer-
ront une autorité légale et deviendront inamovibles; avant
un acte de ce genre, rien n'empêche le gouvernement de
détruire par un simple fait ce qu'un fait précédent a voulu
créer. Il s'agit ici d'une pure question de droit, et je ne
vois pas qu'il soit possible de m'opposer une seule raison
sérieuse.

IX

Après ces vues d'intérêt général, il me sera permis de
parler d'un autre intérêt qui, pour paraître plus restreint,
n'en est pas moins respectable, et qui d'ailleurs se confond
avec le premier, comme on va le voir.

Est-il possible qu'un honnête homme dont dix, quinze
ou vingt ans ont été consacrés à une carrière, qui dans
cette carrière n'a mérité aucun reproche, soit chassé du
jour au lendemain comme un ouvrier qu'on surprend cro-
chetant une serrure? Peut-on donner comme légitime la
raison qu'il n'est pas républicain?

Est-il admissible que des magistrats qui ont toujours rempli leurs fonctions avec honneur, sinon avec talent, voient un beau jour leur avancement légitime coupé par quelque nouveau venu, envoyé sans titres, par le caprice d'un révolutionnaire?

Est-il admissible que d'irréprochables magistrats, depuis longtemps rompus aux affaires, se voient fermer tout avenir non seulement par de nouveaux venus placés révolutionnairement à leur tête, mais encore par leurs plus jeunes collègues de la veille, à peine sortis des bancs de l'école, et pourvus, par le caprice d'un ministre, des postes réservés jusqu'à ce jour à l'expérience et au mérite éprouvés?

Si c'est là la règle nouvelle trouvée par le ministre du 4 septembre, et si pareille injustice pouvait être sanctionnée, je ne sais quels serviteurs trouverait à l'avenir la justice française. L'homme, quelque désintéressé qu'il soit, doit garder le respect de lui-même et ne pas se soumettre sans cause à une humiliation toujours menaçante. Quel est donc celui qui, ayant quelque souci de sa dignité, consentira à subir, à chaque événement politique, soit la perte de sa carrière et le prix de ses longs travaux, soit l'humiliation de voir le premier venu, ou le jeune homme dont il a peut-être guidé les premiers pas, s'emparer de la récompense qu'il avait le droit d'attendre de ses services?

Je l'ai dit, cet intérêt particulier du magistrat devient ainsi celui de la justice : si la justice veut être honorée et avoir des représentants respectés, il faut qu'elle commence par les respecter la première, en les punissant légalement s'ils manquent à leurs devoirs, en assurant leur juste récompense s'ils ne méritent pas de reproche.

X

Je sais quelle objection on pourra faire à ma protestation : c'est la question de l'intérêt des tiers, c'est-à-dire du
sort des arrêts et jugements rendus depuis le 4 septembre et
auxquels ont concouru les magistrats dont je conteste l'autorité. C'est un point dont la solution est bien simple; il suffit d'examiner ce qui se passe fréquemment en matière civile. Un fait illégal a lieu, qui donne naissance à des engagements de bonne foi; il est évident que ces engagements
sont valables, par suite même de la bonne foi des contrac-
tants. Eh bien! ici il suffit d'appliquer cette règle; il est
évident que toutes les décisions, tous les jugements, tous
les arrêts rendus doivent être maintenus en vertu de la
bonne foi des parties intéressées, et aussi de celle des
magistrats qui ont pu très-honorablement concourir à ces
actes, se croyant légalement investis d'une autorité suffi-
sante.

XI

Il reste une question à examiner, c'est celle de l'exécution. Comment mettre en pratique ce que je demande?

Sur ce point, on conçoit que je doive être beaucoup plus
réservé. Je ne suis rien dans le gouvernement, et je n'ai
pas à dicter leur conduite à ceux auxquels la France vient
de confier l'œuvre de sa restauration. Je puis faire une demande, j'ai le droit d'exposer une plainte : c'est au gouvernement à voir ce qu'il devra faire pour rendre justice aux
droits violés. Je sais quelles mesures simples et faciles j'au-
rais à prendre si j'étais responsable; mais je ne crois pas

avoir à les dicter à ceux qui ont en main cette responsabilité redoutable.

Il est certain que cette exécution demanderait un travail, mais un travail facile, et qui n'absorberait pas le travail d'un ministre, à une époque où le temps est si précieux pour tant d'autres soins urgents qu'exige notre patrie sanglante et mutilée.

Tout magistrat connaissant notre mécanisme judiciaire pourrait donner une marche pratique, simple et sûre pour ramener en peu de jours notre magistrature à un état normal, état qui servirait ensuite de base à notre réforme judiciaire.

La magistrature n'avait certainement pas, avant le 4 septembre, atteint le degré de perfection que je désire pour elle. J'exposerai bientôt un plan de réforme qui pourrait, dans ma conviction, l'aider à y parvenir. Mais une organisation, quelque imparfaite qu'elle soit, vaut mieux que le désordre révolutionnaire ou que l'arbitraire d'un favoritisme sans frein. L'arbitraire et le désordre ne peuvent servir de base ; c'est pour cela qu'il faut rétablir l'ordre de choses violemment renversé par un souffle aveugle. Une réforme pourra corriger les vices d'une organisation même défectueuse. Le désordre et l'arbitraire ne sont susceptibles d'aucune amélioration.

XII

J'ai fini, et je résume ma pensée.

On dit que la France va se régénérer. Oh ! je l'espère, et j'appelle de tous mes vœux le temps où cette renaissance aura déjà marqué son empreinte salutaire. Mais pour se régénérer, il ne suffit pas de hurler : « Vive la république ! » d'afficher des opinions radicales, de crier à la honte, à la

trahison, et d'accuser tout le monde ; il faut d'abord accuser les vices qui nous ont perdus et tâcher de nous en corriger. Or, sans parler des autres, il en est un qui nous a
marqués d'un stigmate au regard des autres peuples : c'est
l'instabilité, le scepticisme politique, la facilité avec laquelle
nous acceptons la violence, l'irréflexion que nous mettons à
accueillir l'arbitraire et à regarder le fait accompli comme
un droit. L'histoire dira que, parmi les causes de nos malheurs, celle-là n'a pas été la moins funeste. Habitués depuis
près d'un siècle aux coups de la force, aux triomphes de la
violence, nous subissons sans difficulté leurs succès, et
nous courbons la tête sous le joug de l'audace même la
plus inepte et la plus criminelle.

Depuis longtemps la force, cette puissance dont le culte
est le seul qu'un siècle corrompu respecte encore, s'est
incarnée pour nous dans trois fléaux qui tour à tour se
sont rués sur la France : le régime impérial, l'invasion
prussienne et la démagogie. Je ne dirai rien du césarisme,
ce système hypocrite et dissolvant qui a été si pernicieux
pour nous, et qui paraît, pour notre vengeance, se réfu-
gier chez nos ennemis. Nous en avons fini pour jamais
avec les Bonaparte, qui trouveront leur châtiment dans la
répulsion qu'ils ont pour toujours inspirée à la France. La
patrie en deuil voit s'éloigner enfin ces bandes d'égor-
geurs qui font la guerre pour voler. Il nous reste la démagogie. C'est là le dernier fléau contre lequel doivent s'unir
les efforts de tous les honnêtes gens.

De toutes parts on proteste contre les actes d'arbitraire,
de violence, contre les spoliations, les vols, les gaspillages
scandaleux qui se sont cachés sous le masque de la défense nationale. L'Assemblée a nommé des commissions
pour fouiller dans cette histoire navrante de cinq mois d'invasion et de démagogie. La justice ne doit pas voir refuser
à elle seule la réparation qui lui est due. S'il faut respecter

le droit, n'est-ce pas dans les affaires de justice que ce respect est le plus nécessaire?

L'Assemblée qu'un incomparable élan national a chargée de nos destinées, l'homme qu'un triomphe électoral sans précédent a donné pour chef à la France, voudront inaugurer le règne du droit et renverser l'odieux régime de secousses révolutionnaires qui nous a conduits aux abîmes; ils voudront répudier l'héritage de spoliation qu'on tentera de leur imposer, et asseoir nos institutions sur des bases solides et justes; ils ne voudront pas reconnaître une œuvre qui est la négation de la justice et l'application du principe prussien : « La force prime le droit. »

C'est donc à l'Assemblée et au pouvoir exécutif que j'en appelle, et devant ces hommes qui veulent nous sauver, à cette heure solennelle où l'avenir de la France est dans leurs mains, je proteste contre l'œuvre de désorganisation de M. Crémieux, je proteste contre la possibilité de son maintien, au nom de la dignité de la magistrature outragée par une orgie de favoritisme éhonté, au nom de la justice souffletée par l'arbitraire, au nom du droit violé par la force.

Die, le 12 mars 1871.

NOMINATIONS DE MAGISTRATS

RÉVOCATIONS ET DÉCRETS

CONCERNANT LA MAGISTRATURE

FAITS PAR M. CRÉMIEUX

Depuis le 4 septembre 1870

Journal officiel du 6 septembre. — Décret du 5 septembre. —

Sont nommés :

Procureur général à Paris, M. Leblond, avocat à Paris, en remplacement de M. Charrins, qui reprend ses fonctions d'avocat général à la Cour de cassation.

Procureur général à Dijon, M. Fremiet, avocat, en remplacement de M. Levieil de la Marsonnière.

Substitut du procureur de la république à Paris, M. Tanon, avocat, en remplacement de M. Aulois, démissionnaire.

Journal officiel du 7 septembre. — Décrets du 6 septembre.

Secrétaire général du ministère de la justice, M. Hérold, avocat en cassation, en remplacement de M. Mantellier, qui reprend ses fonctions de président à la cour d'Orléans.

Premier avocat général à Paris, M. Charles Ballot, avocat.

Procureur de la république à Paris, M. H. Didier, en remplacement de M. Désarnauts.

Juge à Paris, M. Déroste, président du tribunal d'Alger, en remplacement de M. Chopin, décédé.

Substitut du procureur de la république à Paris, M. Camille Bouchez, en remplacement de M. Troplong, démissionnaire.

Substitut du procureur de la république à Paris, M. Mariage, en remplacement de M. Fourchy, démissionnaire.

Substitut du procureur de la république à Paris, M. Pradines, avocat, en remplacement de M. de Cazeaux, révoqué.

Président du tribunal à Alger, M. Barny, conseiller à Alger, en remplacement de M. Déroste, nommé juge à Paris.

Conseiller à Alger, M. Sautayra, vice-président à Alger, en remplacement de M. Barny, nommé président à Alger.

Vice-président du tribunal à Alger, M. Verger, juge à Alger, en remplacement de M. Sautayra, nommé conseiller.

Procureur général à Limoges, M. Chamiot, avocat, en remplacement de M. Decours de Lapeyrière.

Procureur général à Angers, M. Guitton, avocat, en remplacement de M. Chevalier.

Journal officiel du 8 septembre. — Décret du 7 septembre.

Procureur général à Toulouse, M. de Saint-Gresse, avocat, en remplacement de M. Léo Dupré.

Procureur général à Amiens, M. René Goblet, en remplacement de M. Talandier.

Président de chambre à Orléans, M. Veau de Launay, conseiller à Orléans, en remplacement de M. Renard, décédé.

Conseiller à Orléans, M. Viollaud, président au Blanc, en remplacement de M. Veau de Launay.

Président du tribunal au Blanc, M. Charles Maquet, avocat, en remplacement de M. Viollaud.

Journal officiel du 9 septembre. — Décret du 8 septembre.

Premier président à Bourges, M. Beaudoin, président de chambre à Rennes, en remplacement de M. Corbin, démissionnaire.

Conseiller à Bordeaux, M. Farine, conseiller à Alger, en remplacement de M. Renant, décédé.

Procureur de la république à Dijon, M. Lévêque, avocat, en remplacement de M. Lièvre.

Procureur de la république à Marseille, M. J. Maurel, avocat, en remplacement de M. Crépon.

Substitut à Marseille, M. Emile Boucher, avocat, en remplacement de M Sagot-Lesage.

Substitut à Marseille, M. Charles Laurens, substitut à Embrun, en remplacement de M. Sauvé.

Substitut à Marseille, M. C. Berr, avocat à Paris, en remplacement de M. Tollon.

Est révoqué M. Cuniac, juge de paix à Salviac (Lot).

L'instruction est retirée à M. Bernier, juge à Paris.

Chef du cabinet du garde des sceaux, M. N. Leven, avocat.

Sous-chef du cabinet, M. E. Joubert, rédacteur au ministère.

Procureur de la république à Saint-Etienne, M. Abrial, avocat, en remplacement de M. Corbin, démissionnaire.

Juge d'instruction à Saint-Etienne, M. Lecot, avocat, en remplacement de M. Bursy, démissionnaire.

Est révoqué M. Baylet, procureur de la république à Cognac.

Même journal. — Décret du 9 septembre.

Procureur de la république à Amiens, M. Charles Dubois, avocat, en remplacement de M. Vaulogé.

Journal officiel du 11 septembre. — Décret du 10 septembre.

Procureur général à Bordeaux, M. Célérier, ancien magistrat, en remplacement de M. du Beux.

Procureur général à Lyon, M. Leroyer, avocat, en remplacement de M. Massin.

Procureur général à Grenoble, M. Michal-Ladichère, ancien magistrat, en remplacement de M. de Gabrielli.

Procureur général à Nîmes, M. Colonna d'Istria, conseiller à Bastia, en remplacement de M. Villedieu.

Premier avocat général à Lyon, M. Millaud, en remplacement de M. de Prandières.

Procureur de la république à Lyon, M. Andrieux, avocat, en remplacement de M. Chopin d'Arnouville.

Procureur de la république à Bordeaux, M. E. Faye, avocat, en remplacement de M. Ferrand.

Juge suppléant à Paris, M. Cartier, avoué, en remplacement de M. Roussigné.

Journal officiel du 12 septembre. — Décret du 11 septembre.

Procureur général à Montpellier, M. Agnel, avocat, en remplacement de M. Mazel, qui sera appelé à d'autres fonctions.

Procureur général à Aix, M. Albin Thourel, en remplacement de
M. Reybaud, qui sera appelé à d'autres fonctions.

Premier avocat général à Toulouse, M. Manau, en remplacement de
M. Caresme, qui sera appelé à d'autres fonctions.

Procureur de la république à Toulouse, M. Cousin, avocat, en remplacement de M. Bellet.

Journal officiel du 13 septembre. — Décret du 12 septembre.

M. Emmanuel Arago est délégué pour remplacer M. Crémieux, absent.

Substitut du procureur général à Paris, M. Vaney, substitut à Paris,
en remplacement de M. Bergogné, démissionnaire.

Substitut du procureur de la république à Paris, M. Campenon, avocat
à Paris, en remplacement de M. Vaney.

Juge de paix du 1er arrondissement de Paris, M. Carré, juge de paix de
Montmorency, en remplacement de M. Bruneau, nommé juge.

Suppléant du juge de paix du 4me arrondissement, M. Charles Million,
avocat, en remplacement de M. d'Yver, démissionnaire.

Journal officiel du 16 septembre. — Décrets des 10, 11, 12, 13, 14 septembre.

Procureur de la république à Montpellier, M. Antoine Verdier, avocat,
en remplacement de M. Pompeï.

Procureur de la république à Périgueux, M. Bataille, avocat, en remplacement de M. Lobinhes.

Procureur de la république à Sarlat, M. Philippe Laroche, avocat, en
remplacement de M. Geneste.

Procureur de la république à Albi, M. Léon Caën, avocat, en remplacement de M. Bastié, démissionnaire.

Procureur de la république à Cognac, M. Paul Drouin, avocat, en remplacement de M. Baylet, révoqué.

Procureur de la république à Tarbes, M. Candelle-Bayle, avocat, en
remplacement de M. Adnet.

Substitut du procureur général près la cour d'appel de Limoges,
M. Henri Mazaud, avocat, en remplacement de M. Deltheil.

Procureur de la république à Beaune, M. Guigot, avocat, en remplacement de M. Larché.

Substitut du procureur de la république à Beaune, M. Party, avocat,
en remplacement de M. Guenot.

Substitut du procureur de la république à Dijon, M. Joseph Belland, avocat, en remplacement de M. Neveu-Lemaire, qui sera appelé à d'autres fonctions.

Procureur de la république à Saint-Brieuc, M. Gleize-Crivelli, avocat, en remplacement de M. Le Meur.

Procureur de la république à Blois, M. Lesguillon, avocat, en remplacement de M. Pelletier, qui sera appelé à d'autres fonctions.

Procureur de la république à Limoges, M. Auguste Périchon, avoué, en remplacement de M. Armengaud.

Procureur de la république à Clamecy, M. Marie-Ferdinand Moreau, avocat, en remplacement de M. Ravault.

Procureur de la république à Cahors, M. de Cardes, procureur de la république à Figeac, en remplacement de M. Roux, démissionnaire.

Substitut du procureur de la république à Cahors, M. Ludovic Durrieu, avocat, en remplacement de M. Dupré, qui sera appelé à d'autres fonctions.

Substitut du procureur de la république à Nantes, M. Raymond David, avocat, en remplacement de M. Chaillou, démissionnaire.

Procureur de la république à Bonneville, M. Paul Chaine, avocat, en remplacement de M. Gosset, qui sera appelé à d'autres fonctions.

Procureur de la république à Toulon, M. Ernest Liouville, avocat, en remplacement de M. Gauja.

Procureur de la république à Bourg, M. Rives, avocat, en remplacement de M. d'Auferville.

Procureur de la république à Lure, M. Huguenin, ancien représentant, avocat, en remplacement de M. Thibault.

Procureur de la république à Villefranche (Aveyron), M. Barailler, avocat, en remplacement de M. de la Dionnerie.

Procureur de la république à Rodez, M. Truchard-Dumolin, avocat, en remplacement de M. Boistard, démissionnaire.

Procureur de la république à Mirande, M. Pujol, avocat à Saint-Girons, en remplacement de M. Valette.

Juge de paix du 4ᵐᵉ canton de Bordeaux, M. Delfortrie, juge de paix de la Brède, en remplacement de M. Chassaing, admis à faire valoir ses droits à la retraite.

Juge de paix du canton de Sainte-Sévère (Indre), M. Abel Béguin, ancien notaire, en remplacement de M. Tortat.

Juge de paix du canton de Serrières (Ardèche), M. Pierre-Célestin Cadet, en remplacement de M. de Montbrial.

Juge de paix du canton de la Teste (Gironde), M. Lalesque aîné, en remplacement de M. Méran.

Juge de paix du canton de Châteauneuf (Haute-Vienne), M. François Mosnier, notaire, en remplacement de M. Raymond.

Juge de paix du canton de Selongey (Côte-d'Or), M. Pierre Grebille, en remplacement de M. Jocotton.

Juge de paix du canton de Montbard (Côte-d'Or), M. Louis Misset, ancien avoué, en remplacement de M. Odinot.

Ont été révoqués :

M. Guittard, juge de paix à Vertou (Loire-Inférieure).

M. Crançon, juge de paix à Saint-Sauveur (Yonne).

M. Angot, juge de paix à Thiberville (Eure).

L'instruction est retirée à M. Leroux, juge à Nantes.

Ont été chargés de l'instruction :

Au tribunal de première instance de Château-Gontier, M. Véron, juge audit siége.

Au tribunal de première instance de Mortagne, M. Houvet, juge audit siége.

Au tribunal de première instance de la Réole, M. Feaugas, juge suppléant audit siége.

Décrets du 15 septembre 1870.

Procureur de la république à Châlon-sur-Saône, M. Schmoll, avocat, en remplacement de M. Maillard.

Substitut du procureur de la république à Tours, M. Bloch, avocat, en remplacement de M. Foucqueteau.

Procureur de la république à Bellac, M. Jean Pailler, ancien magistrat, en remplacement de M. Gonod d'Artemare, qui sera appelé à d'autres fonctions.

Procureur de la république à Montélimar, M. Teisseire, procureur de la république, en remplacement de M. Dijon de Cumane.

Procureur de la république à Nyons, M. Jules Lisbonne, avocat, en remplacement de M. Teisseire.

Juge de paix du canton de Bellac (Haute-Vienne), M. Arbellot, ancien juge de paix de ce canton, en remplacement de M. Grateyrolle.

Journal officiel du 17 septembre. — Décrets des 15 et 16 septembre.

Procureur général à Rennes, M. Ramé, avocat général à Rennes, en remplacement de M. Bardon.

Procureur général à Chambéry, M. Carquet, avocat à Moutiers, en remplacement de M. Mourier.

Procureur de la république à Chambéry, M. Prosper Jacquier, avocat, en remplacement de M. Casal.

Procureur de la république à Figeac, M. Prunières, avocat, en remplacement de M. de Cardes, nommé à Cahors.

Procureur de la république à Brest, M. Thiriot, en remplacement de M. Legeard de la Diryais.

Journal officiel du 18 septembre. — Décret du 17 septembre.

Institution d'une commission d'organisation judiciaire composée de : MM. Crémieux, Emmanuel Arago, Faustin Hélie, Marc Dufraisse, Valette, Gustave Chaudey, R. Dareste, Hérold.

Décrets qui ne se trouvent insérés ni au *Journal officiel* ni au *Moniteur*, et qui concernent uniquement la magistrature du département de la Drôme.

***

DÉCRETS

Qui ne se trouvent insérés ni au Journal officiel, ni au Moniteur, et qui concernent uniquement la magistrature du département de la Drôme.

***

Décret du 17 septembre 1870.

L'instruction est retirée à M. Vallantin, juge d'instruction à Montélimar.

Décrets du 19 septembre.

Est révoqué M. Terrot-Descrozes, juge de paix à Saint-Jean en Royans.

Est nommé juge de paix à Saint-Jean, M. Périer, avocat, en remplacement de M. Terrot-Descrozes.

Est révoqué M. Ferrier, juge de paix à Romans.

Est révoqué M. Grand de Châteauneuf, juge de paix à Loriol.

Est révoqué M. Termet, juge de paix au Grand-Serre. (M. Termet était mort depuis le 25 novembre 1869 et remplacé depuis février 1870!)

Est révoqué M. Vidal de Lirac, juge de paix à Chabeuil.

Décret du 23 septembre.

Est révoqué M. Martin, juge de paix au Grand-Serre.

Décret du 24 septembre.

Juge de paix à Dieulefit, M. Coullet, en remplacement de M. Darnaud, révoqué.

Décret du 27 septembre.

Juge de paix à Saint-Paul-Trois-Châteaux, M. Gamon, en remplacement de M. Darnaud, révoqué.

Juge de paix à Pierrelatte, M. Buis, juge de paix à Lamotte-Chalancon, en remplacement de M. Fabry, révoqué.

Décret du 1er octobre.

Juge de paix à la Motte-Chalancon, M. Marius Chevandier, en remplacement de M. Buis, nommé à Pierrelatte.

Juge de paix à Chabeuil, M. Dianoux, en remplacement de M. Vidal de Lirac, révoqué.

Décret du 3 octobre.

Juge de paix au Grand-Serre, M. Perriolat, ancien greffier, en remplacement de M. Martin, révoqué.

Suppléant du juge de paix au Grand-Serre, M. Goubernaud.

Suppléant du juge de paix au Grand-Serre, M. Berger.

Décret du 5 octobre.

Suppléant du juge de paix à Romans, M. Blache, notaire, en remplacement de M. Laman. démissionnaire.

Décret du ... novembre.

Juge de paix à Romans, M. Muston, pasteur à Bourdeaux, en remplacement de M. Ferrier, révoqué. (Décret non exécuté, M. Muston n'ayant que vingt-quatre ans.)

Décret du 16 décembre.

Juge de paix à Loriol, M. Périer, juge de paix à Saint-Jean, en remplacement de M. Grand de Châteauneuf, révoqué. (Deux fois nommé.)

Juge de paix à Saint-Jean en Royans, M. Bélat, suppléant, en remplacement de M. Périer, nommé à Loriol.

Décret du 31 décembre.

Juge de paix à Heyrieux (Isère), M. Paquier, juge de paix à Séderon (Drôme). (Non encore remplacé en mars 1871.)

Décret du ... janvier 1871.

Juge de paix à Romans, M. Laget-Valdeson, en remplacement de M. Ferrier ou de M. Muston.

Juge à Grenoble, M. Meynot, juge d'instruction à Alais, en remplacement de M. Jubié.

Substitut à Carpentras, M. Chamontin, substitut à Apt, en remplacement de M. Pujo.

Substitut à Apt, M. Barres, avocat, en remplacement de M. Chamontin, nommé à Carpentras.

Substitut à Orange, M. Devillario, avocat, en remplacement de M. Barberon, nommé à Carpentras.

Décrets du 19 septembre.

Substitut du procureur général à Amiens, M. Vigier, substitut à Amiens, en remplacement de M. Jardin, démissionnaire.

Substitut du procureur de la république à Amiens, M. Caumartin, substitut à Soissons, en remplacement de M. Lemor, démissionnaire.

Sustitut du procureur de la république à Soissons, M. Decaïen, substitut à Clermont (Oise), en remplacement de M. Caumartin.

Substitut à Clermont (Oise), M. Ternisieu de Boiville, avocat, en remplacement de M. Decaïen.

Substitut à Saint-Quentin, M. Crépin, avocat, en remplacement de M. Parent du Moiron.

Décrets du 23 septembre.

Procureur de la république à Saumur, M. Lecoy, en remplacement de M. Tharil de Ruillé.

Procureur de la république à Largentière, M. Gaucher, substitut à Privas, en remplacement de M. Pélouin.

Procureur de la république à Confolens, M. Nassau, en remplacement de M. Blavignac, nommé juge à Angoulême.

Juge à Angoulême, M. Blavignac, procureur de la république à Confolens, en remplacement de M. Brémond, décédé.

Procureur de la république à Barbezieux, M. Guimbertaud, juge de paix à Cognac, en remplacement de M. Delol.

Procureur général à Chambéry, M. Bataille, procureur de la république à Périgueux, en remplacement de M. Carquet, démissionnaire.

Procureur de la république à Béziers, M. Devès, avocat, en remplacement de M. Clolu, démissionnaire.

Procureur de la république à Brignoles, M. Gravet, avocat, en remplacement de M. Jullien.

Décrets du 19 septembre.

Juge d'instruction à Saint-Nazaire, M. Collin, avocat, en remplacement de M. Grignon-Dumoulin, nommé à Nantes.

Substitut à Alais, M. Boiville, avocat, en remplacement de M. Raisin, nommé juge à Alais.

Procureur de la république à Lectoure, M. Dauthième, avocat à Condom, en remplacement de M. Lagarde.

L'instruction est retirée à M. Faure, juge d'instruction à Lombez, et donnée à M. Pujos.

Procureur de la république à Gannat, M. Marsal, ancien magistrat, en remplacement de M. Monange.

Procureur de la république à Valence, M. Bélat, avocat à Valence, en remplacement de M. Barral.

Procureur de la république à la Réole, M. Dumoulin, avocat à Bordeaux, en remplacement de M. B. de Montargis, qui sera appelé à d'autres fonctions.

Procureur de la république à la Châtre, M. Paulin de Vasson, substitut à Châteauroux, en remplacement de M. Lapparent.

Procureur de la république à Bagnères, M. Tapie, avocat à Bagnères, en remplacement de M. d'Abadie.

Moniteur du 27 septembre. — Décrets du 24 septembre.

Procureur de la république à Draguignan, M. Michel René, avocat à Carpentras, en remplacement de M. Royer, démissionnaire.

Procureur de la république à Tournon, M. Molière, substitut à Tournon, en remplacement de M. Golléty. (M. Golléty avait été remplacé à Tournon depuis près de deux ans. — Ce décret n'est pas au *Moniteur.*)

Substitut à Sisteron, M. Segnard, substitut à Brignoles, en remplacement de M. Labat.

Substitut du procureur de la république à Toulouse, M. Delcurrou, avocat à Pamiers, en remplacement de M. Fabre.

Procureur de la république à Màcon, M. Chavot, avocat à Màcon, en remplacement de M. Noblesse.

Procureur de la république à Autun, M. Cote, avocat à Ajaccio, en remplacement de M. Gréban.

Procureur de la république à Rodez, M. Loubers, substitut à Rodez, en remplacement de M. Truchard-Dumoulin, appelé à d'autres fonctions.

Substitut à Rodez, M. Gilles, avocat à Montpellier.

Avocat général à Lyon, M. Roussel, juge d'instruction à Oran, en remplacement de M. Bérenger, démissionnaire. (M. Roussel a été quelque temps après nommé préfet.)

Procureur général à Besançon, M. Varambon, avocat à Lyon, en remplacement de M. Plasman. (Décret déjà publié le 26.)

Substitut à Saint-Sever, M. Testemale, avocat, en remplacement de M. Pagès.

Procureur de la république à Dax, M. Magescas, avocat, en remplacement de M. Lavielle, démissionnaire.

Procureur de la république à Lombez, M. Jullien-Biennes, avocat, en remplacement de M. Marion.

Moniteur du 28 septembre. — Décrets du 25 septembre.

Procureur général à Poitiers, M. Duchasténier, premier avocat général à Poitiers, en remplacement de M. Salmon, non acceptant.

Premier avocat général à Poitiers, M. Sachet, conseiller à Poitiers, en remplacement de M. Duchasténier.

Conseiller à Poitiers, M. Salmon, nommé procureur général et n'acceptant pas, en remplacement de M. Sachet.

Procureur de la république à Poitiers, M. Têtreau, avocat, en remplacement de M. Lamarque, qui sera appelé à d'autres fonctions.

Substitut à Poitiers, M. Mauflastre, substitut à Napoléon-Vendée, en remplacement de M. Rouillé.

Moniteur du 1ᵉʳ octobre. — Décrets des **28** et **29** septembre.

Avocat général à Rennes, M. Mathurin, procureur à Cholet, en remplacement de M. Ramé, nommé procureur général à Rennes.

Avocat général à Lyon, M. Royé-Belliard, substitut du procureur général à Lyon, en remplacement de M. Abel Gay.

Procureur de la république à Grenoble, M. Dupérou, avocat à Grenoble, en remplacement de M. Lion, qui sera appelé à d'autres fonctions.

Substitut du procureur de la république à Amiens, M. Parent de Movion, substitut à Saint-Quentin, en remplacement de M. Vigier, nommé substitut du procureur général.

Procureur de la république à Aix, M. Malavieille, procureur d'Albi, en remplacement de M. Perrotin.

Substitut du procureur de la république à Aix, M. Cuzol, avocat à Marseille, en remplacement de M. Pontier.

Procureur de la république à Clermont-Ferrand, M. Nany, avocat à Riom, en remplacement de M. d'Assezat de Bouteyre.

Moniteur du 2 octobre. — Décrets du **25** septembre.
(Décrets déjà en partie publiés précédemment.)

Procureur général à Poitiers, M. Duchasténier, premier avocat général à Poitiers, en remplacement de M. Salmon, non acceptant.

Premier avocat général à Poitiers, M. Sachet, conseiller à Poitiers, en remplacement de M. Duchasténier.

Conseiller à Poitiers, M. Sahison, n'acceptant pas d'être procureur général à Poitiers, en remplacement de M. Sachet. (Est-ce Sahison ou Salmon ? Voir le *Moniteur* du 28 septembre.)

Procureur de la république à Poitiers, M. Têtreau, avocat, en remplacement de M. Lamarque, qui sera appelé à d'autres fonctions.

Substitut du procureur de la république à Poitiers, M. Mauplastre, substitut à Napoléon-Vendée, en remplacement de M. Rouillé.

Est rapporté le décret du 22 septembre qui nomme M. Chapelle, juge de paix à Laigrasse, en remplacement de M. Villerbrun.

Décret du **26** septembre.

Procureur général à Douai, M. Reybaud, ancien procureur général d'Aix, eu remplacement de M. Morcrette.

Procureur de la république à Châteaubriant, M. Benoît, substitut à Amiens, en remplacement de M. Jairtel.

Substitut à Ancenis, M. Pavec, suppléant à Saint-Nazaire.

Décrets du 27 septembre.

Procureur de la république à Montélimar, M. Nicolas, avocat, sous-préfet de Montélimar, en remplacement de M. Teisseire, qui sera appelé à d'autres fonctions.

Vice-président à Paris, M. Delange, juge à Paris, en remplacement de M. Chevillotte, nommé procureur général à Alger.

Substitut à Privas, M. Dormand, avocat, en remplacement de M. Gaucher, nommé procureur à Largentière.

Procureur de la république au Mans, M. Pauget, procureur d'Oran, en remplacement de M. Gautherin, démissionnaire.

Procureur de la république à Tours, M. Borie, ancien procureur de Ribérac, en remplacement de M. Tournier.

Procureur de la république à Muret, M. Bayard, avocat à Muret, en remplacement de M. Larlet.

Premier avocat général à Agen, M. Fournel, avocat à Agen, en remplacement de M. Donnoderie.

Procureur de la république à Avesnes, M. Delagorce, procureur de Valenciennes, en remplacement de M. Marion.

Juge d'instruction à Avesnes, M. Cheveau, juge à Avesnes, en remplacement de M. Delforce.

Procureur général à Poitiers, M. Raveaud, conseiller à Poitiers, en remplacement de M. Duchasténier, appelé à d'autres fonctions.

Premier avocat général à Angers, M. Sachet, premier avocat général à Poitiers, en remplacement de M. Merveilleux-Duvignaux, démissionnaire.

Procureur de la république à Poitiers, M. Béra, procureur à Châtellerault, en remplacement de M. Tétreau, qui sera appelé à d'autres fonctions.

Le décret du 24 septembre est modifié en ce que M. Molière, substitut à Tournon, est nommé procureur de la république à Tournon, en remplacement de M. Ladevèze, et non de M. Golléty.

Décrets du 28 septembre.

Avocat général à Rennes, M. Montaubin, procureur à Cholet, en remplacement de M. Ramé, nommé procureur général à Rennes.

Avocat général à Lyon, M. Royé-Belliard, substitut du procureur général à Lyon, en remplacement de M. Abel Gay.

Procureur de la république à Grenoble, M. Dupérou, avocat à Grenoble, en remplacement de M. Lion, qui sera appelé à d'autres fonctions.

Substitut du procureur de la république à Amiens, M. Parent du Moiron, substitut à Saint-Quentin, en remplacement de M. Vigier, nommé substitut de procureur général.

Procureur de la république à Aix, M. Gustave Malavieille, substitut à Albi, en remplacement de M. Perrotin.

Substitut du procureur de la république à Aix, M. Guzol, avocat à Marseille, en remplacement de M. Póntier.

Procureur à Clermont-Ferrand, M. Nany, avocat à Riom, en remplacement de M. d'Assezat de Bouteyre.

Décrets du 29 septembre.

Procureur général à Chambéry, M. Eymard-Duverney, avocat à Valence, en remplacement de M. Bataille, non acceptant.

Premier avocat général à Angers, M. Leury, bâtonnier à Saint-Lô, en remplacement de M. Sachet, non acceptant.

Conseiller à Angers, M. Tabouret, juge à Napoléon-Vendée, en remplacement de M. Cautret, décédé.

Conseiller à Angers, M. Meynot, juge à Grenoble, en remplacement de M. Boutrain, décédé. (Deux fois nommé.)

Procureur de la république à Gannat, M. Clausel, avocat, en remplacement de M. Marsal, non acceptant.

Substitut à Sisteron, M. Coirard, avocat, en remplacement de M. Seynard, nommé à Brignoles.

Chargé de l'instruction à Angoulême, M. Devaux, juge à Angoulême.

Avocat général à Angers, M. Tètreau (Adolphe), avocat, en remplacement de M. Bigot, démissionnaire.

Juge à Paris, M. Bœuf, avocat, en remplacement de M. Delange, nommé vice-président à Paris.

Suppléant à Royans, M. Ducros (Frédéric). (*Royans* veut dire *Nyons*.)

Procureur de la république à Saint-Yrieix, M. Laviolette, avocat, en remplacement de M. Tenant de Latour, mis en retraite.

Procureur de la république à Brives, M. Mayjuron, avocat, en remplacement de M. Bayle.

Chargé de l'instruction à Alais, M. Raisin, juge à Alais.

Procureur de la république à Lisieux, M. Delasalle, avocat à Caen, en remplacement de M. Darralde.

Substitut à Saint-Affrique, M. Veizies, avocat à ¡Montpellier, en remplacement de M. Girou de Buzareingues.

Juge à Alger, M. Quinquin, défenseur à Alger, en remplacement de M. Verger, nommé vice-président à Alger.

Conseiller à Poitiers, M. Sachet, nommé premier avocat général à Angers et n'acceptant pas, en remplacement de M. Raveaud.

Moniteur du 4 octobre. — Décrets du 1er octobre.

Procureur de la république à Orange, M. Leroux, substitut à Nîmes.

Le décret du 24 septembre qui a nommé M. de Bienne, avocat, procureur de la république à Lombez, est rectifié en ce sens que M. de Bienne remplace M. Bouic et non M. Marion.

Procureur de la république à Coutances, M. Lerebours-Pigeonnière, procureur à Vire, en remplacement de M. Dubois, admis à la retraite.

Procureur de la république à Vire, M. Montembault, procureur à Domfront, en remplacement de M. Lerebours-Pigeonnière.

Procureur de la république à Domfront, M. Daumesnil, procureur à Pont-l'Evêque, en remplacement de M. Montembault.

Procureur de la république à Pont-l'Evêque, M. Ch. Louvet, avocat à Pont-l'Evêque, en remplacement de M. Daumesnil.

Substitut à Avranches, M. Dadin, avocat à Caen, en remplacement de M. Surcouf, nommé procureur à Avranches.

Substitut à Domfront, M. Clément, suppléant à Caen, en remplacement de M. Salneux.

Avocat général à Rouen, M. Lemonnier, substitut du procureur général à Lyon, en remplacement de M. Raoul Duval, démissionnaire.

Juge à Grenoble, M. Dumont, juge d'instruction à Brière (on suppose que c'est *Briey*), en remplacement de M. Meynot, nommé conseiller à Angers.

Procureur de la république à Valenciennes, M. Franconville, procureur à Montreuil, en remplacement de M. Armand.

Substitut à Valenciennes, M. Jeanvrot, avocat à Douai, en remplacement de M. Delagorce, nommé procureur à Avesnes.

Substitut à Saintes, M. Andrieux, avocat à Marennes, en remplacement de M. Izarn, nommé juge.

Procureur de la république à Annecy, M. Mugnier, procureur à Vienne, en remplacement de M. Dossat.

Moniteur du 5 octobre. — Décrets du 3 octobre.

Substitut du procureur général à Lyon, M. Eliacin Naquet, professeur de droit à Grenoble, en remplacement de M. Royé-Belliard, nommé avocat général à Lyon.

Procureur de la république à Constantine, M. Colonna d'Ornano, juge d'instruction à Mostaganem, en remplacement de M. Clerc, nommé conseiller à Alger.

Premier avocat général à Poitiers, M. Périvier, avocat à Poitiers, en remplacement de M. Sachet, non acceptant.

Procureur de la république à Cholet, M. Gaillard de la Dionnerie, ancien procureur de la république à Villefranche de Rouergue, en remplacement de M. Montaubin.

Procureur de la république à Château-Chinon, M. Thévenet, ancien avoué suppléant au même tribunal, en remplacement de M. Hugon.

Substitut du procureur de la république à Château-Chinon, M. Germain Serrier, avocat, en remplacement de M. Belleau.

Juge à Napoléon-Vendée, M. Loubignac, juge à Tlemcen, en remplacement de M. Tabouret, nommé conseiller à Angers.

Procureur de la république à Nantua, M. Debrie, procureur de la république à Trévoux, en remplacement de M. Moyret.

Procureur de la république à Trévoux, M. Marion, ancien substitut du procureur de la république à Bourg, en remplacement de M. Debrie, nommé procureur de la république à Nantua.

Procureur de la république à Belley, M. Michaille-Chamelet, avocat à Nantua, en remplacement de M. Mairet.

Procureur de la république à Gex, M. Giguet, avocat à Lyon, en remplacement de M. Faure-Biguet.

Procureur de la république à Marseille, M. Guibert, substitut du procureur général à Aix, en remplacement de M. Maurel.

Avocat général à Aix, M. Clapier, substitut du procureur de la république à Marseille, en remplacement de M. Desclozeaux.

Substitut à Marseille, M. Albert Padoa, avocat, en remplacement de M. Clapier, nommé avocat général à Aix.

Procureur de la république à Nice, M. Maglione, substitut du procureur général à Aix, en remplacement de M. Sensa.

Procureur de la république à Tarascon, M. Daumas dit Dalléou, avocat à Marseille, en remplacement de M. Granière.

Substitut du procureur de la république à Tarascon, M. Gasguy, avocat à Marseille, en remplacement de M. Gendarme de Borotte.

Moniteur du 6 octobre. — Décrets du 3 octobre.

Substitut du procureur général à Angers, M. Dumont, avocat à Angers, en remplacement de M. Coutoux, démissionnaire.

Procureur de la république à Angers, M. Pierre-Gustave Godin, avocat à Angers, en remplacement de M. Belin, démissionnaire.

Substitut du procureur de la république à Angers, M. Benoît, procureur de la république à Châteaubriant, en remplacement de M. Dupont, démissionnaire.

Substitut du procureur de la république à Angers, M. Bersac, suppléant du juge de paix à Mascara, en remplacement de M. Coignard, démissionnaire.

Procureur de la république à Baugé, M. Chauvin, substitut du procureur de la république à Segré, en remplacement de M. Louis.

Substitut du procureur de la république à Segré, M. Gustave Grimault, avocat à Angers, en remplacement de M. Chauvin, nommé procureur de la république à Baugé.

Procureur de la république au Mans, M. Paul Villard, avocat à Paris, en remplacement de M. Gain, démissionnaire.

Substitut du procureur de la république au Mans, M. Alfred Chudeau, avocat à Angers, en remplacement de M. la Noue, démissionnaire.

Substitut du procureur de la république à Mamers, M. Adrien-Marie-Henri Poureau, avocat à Paris, en remplacement de M. Belin.

Procureur de la république à Saint-Calais, M. Gilbert, substitut au même tribunal, en remplacement de M. Mordret.

Substitut du procureur de la république à Saint-Calais, M. Léon Jozeau, juge suppléant à Cholet, en remplacement de M. Gilbert, nommé procureur de la république au même siége.

Substitut du procureur de la république à la Roche-sur-Yon, M. Gabriel Gouraud, avocat à Paris, en remplacement de M. Mauffastre, nommé substitut du procureur de la république à Poitiers.

L'instruction est retirée à M. Hiron, juge à Angers, et confiée à M. Richard, juge au même tribunal.

Moniteur du 7 octobre. — Décrets du 4 octobre.

Le décret du 29 septembre qui a nommé MM. Tabouret et Meynot conseillers à Angers est ainsi modifié :

Sont nommés :

Conseiller à Angers, M. Tabouret, juge à Napoléon-Vendée, en remplacement de M. Boutrais, décédé.

Conseiller à Grenoble, M. Meynot, juge à Grenoble, en remplacement de M. Michaud, décédé. (Trois fois nommé en quatorze jours.)

Moniteur du 8 octobre. — Décrets du 5 octobre.

Substitut du procureur de la république à Beauvais, M. Genesse, substitut du procureur de la république à Montdidier, en remplacement de M. Da Costa Athias, démissionnaire.

Substitut du procureur de la république à Montdidier, M. Gaston de Chauvenet, avocat, en remplacement de M. Genesse, nommé substitut du procureur de la république à Beauvais.

Procureur de la république à Châteaubriant, M. Jartel, ancien magistrat, en remplacement de M. Benoist, nommé substitut du procureur de la république à Angers.

Procureur de la république à Sens, M. Détourbet, substitut du procureur de la république à Tonnerre, en remplacement de M. Charpentier.

M. Barrière, juge à Tarbes, est, sur sa demande, déchargé de l'instruction.

Procureur de la république à Moulins, M. Marquet, substitut du procureur de la république à Montbrison, en remplacement de M. Guellet-Dumazeau, qui sera appelé à d'autres fonctions.

Procureur de la république à Prades, M. Puèche, avocat, en remplacement de M. Révy.

Procureur de la république à Céret, M. Paul-Etienne Mondot, substitut du procureur de la république à Carcassonne, en remplacement de M. Vène.

Substitut du procureur général à Orléans, M. Homberg, procureur de la république à Chinon, en remplacement de M. Guille-Desbuttes.

Procureur de la république à Chinon, M. Conte, bâtonnier à Chinon, en remplacement de M. Homberg, nommé substitut du procureur général à Orléans.

Juge à Brives, M. Anatole Pichon-Vendeuil, avocat, ancien juge de paix, en remplacement de M. Dumont, nommé juge à Grenoble.

Substitut du procureur de la république à Châteauroux, M. Pierre-Sébastien-Narcisse Planchon, avocat à Poitiers, en remplacement de M. Paulin de Vasson, nommé procureur de la république à la Châtre.

Substitut du procureur de la république à Mantes, M. Isa-Porié, avocat à Paris, en remplacement de M. Doumerc, nommé substitut du procureur de la république à Pont-Audemer.

Procureur de la république à Châtellerault, M. Perret, avocat à Poitiers, en remplacement de M. Béra, nommé procureur de la république à Poitiers.

Substitut du procureur de la république à Nîmes, M. Jules Valabrègue, avocat, docteur en droit, en remplacement de M. Leroux, nommé procureur de la république à Orange.

Procureur de la république à Pamiers, M. Paul Caze, substitut du procureur de la république à Albi, en remplacement de M. Lapouyade.

Substitut du procureur de la république à Albi, M. Henri Faverel, avocat à Toulouse, en remplacement de M. Paul Carré, nommé procureur de la république à Pamiers.

Substitut du procureur de la république à Albi, M. Dupin de la Forcade, substitut du procureur de la république à Castel-Sarrazin, en remplacement de M. Malavialle, nommé procureur de la république à Aix.

Substitut du procureur de la république à Castel-Sarrazin, M. Antonin Barbe, avocat, docteur en droit, en remplacement de M. Paul Denat.

Décrets du 27 septembre.

Procureur de la république au Mans, M. Gustave Poujet, procureur de la république à Oran, en remplacement de M. Gautherin, démissionnaire.

Procureur de la république à Tours, M. Borie, ancien procureur de la république à Ribérac, en remplacement de M. Tournyer.

Procureur de la république à Châteauroux, M. Marie-Paul-Ferdinand Dopffer, avocat, en remplacement de M. Adonis de la Brosserie.

Substitut du procureur de la république à Pont-Audemer, M. Doumerc, substitut du procureur de la république à Mantes, en remplacement de M. Boudinier, nommé procureur de la république à Perpignan.

Procureur de la république à Muret, M. Paulin Bayaud, avocat à Muret, en remplacement de M. Lartet.

Moniteur du 9 octobre. — Décrets du 6 octobre.

Procureur général à Rouen, M. Peulevey, avocat au Hàvre, en remplacement de M. de Leffemberg, démissionnaire.

Moniteur du 12 octobre. — Décret du 9 octobre.

Juge à Saint-Etienne, M. Charpin, juge à Grenoble, en remplacement de M. Gandit, nommé juge à Grenoble. (Il n'y avait pas à Grenoble de juge appelé Charpin; il n'y avait qu'un substitut du procureur de la république.)

Juge à Grenoble, M. Gandit, juge à Saint-Etienne, en remplacement de M. Charpin, nommé juge à Saint-Etienne. (Voir l'observation précédente.)

Juge suppléant à Melle, M. Eprinchard, notaire à Melle, en remplacement de M. Geoffréan, révoqué.

Substitut à Nyons, M. Germa (Joseph), avocat à Montpellier, en remplacement de M. Pfistre-Duvant, démissionnaire.

Substitut à Guéret, M. Pigeon, juge suppléant à Tours, en remplacement de M. Delage, nommé procureur de la république à Montreuil.

Juge suppléant à Tours, M. Doumesc, substitut à Pont-Audemer, en remplacement de M. Pigeon, nommé substitut à Guéret.

Procureur de la république à Guéret, M. Perdrix (Edouard), avocat à Guéret, en remplacement de M. Thiriot, nommé procureur de la république à Brest.

Moniteur du 13 octobre. — Décrets du 7 octobre.

Avocat général à Grenoble, M. Liouville, procureur de la république à Toulon, en remplacement de M. Berger, démissionnaire.

Procureur de la république à Toulon, M. Noble, avocat à Toulon, en remplacement de M. Liouville, nommé avocat général à Grenoble.

Procureur de la république à Saintes, M. Jouvion, procureur de la république à Loudun, en remplacement de M. Pichot.

Substitut du procureur de la république à Limoges, M. Saulnier, avocat, en remplacement de M. Lamirande.

Substitut du procureur de la république à Tulle, M. Bonin, avocat, en remplacement de M. Marmont.

Procureur de la république à Issoire, M. Bourrière, en remplacement de M. Girault, qui sera appelé à d'autres fonctions.

Procureur de la république à Saint-Flour, M. de Douhet, procureur de la république à Riom, en remplacement de M. Baudet.

Procureur de la république à Riom, M. Gomot, substitut au même siége, en remplacement de M. de Douhet, nommé procureur de la république a Saint-Flour.

Substitut du procureur de la république à Riom, M. Maudet, substitut à Murat, en remplacement de M. Gomot, nommé procureur de la république à Riom.

Substitut du procureur de la république à Moulins, M. Charles Forquet de Dorne, avocat à Valence, en remplacement de M. Burin des Roziers, démissionnaire.

Substitut du procureur de la république à Carcassonne, M. Pujo, ancien substitut du procureur de la république à Carpentras, en remplacement de M. Mandat, nommé procureur de la république à Céret.

Juge suppléant à Saint-Nazaire, M. Bachelot, avocat, en remplacement de M. Pavec, nommé substitut du procureur de la république à Ancenis.

Décrets du 10 octobre.

M. Grellet-Dumazeau, nommé procureur de la république à Moulins par dééret du 19 septembre, est, sur sa demande, maintenu dans ses anciennes fonctions de substitut du même siége.

Procureur de la république à Saint-Omer, M. Delagorce, procureur de la république à Avesnes, en remplacement de M. Bourdon, procureur de la république à Lille.

Juge à Niort, M. Babert de Juillé, juge à Melle, en remplacement de M. Salmon, nommé conseiller à Poitiers.

Substitut du procureur de la république à Montbrison, M. Roullet, avocat à Poitiers, en remplacement de M. Marquet, nommé procureur de la république à Moulins.

M. Mané, juge à Perpignan, sera chargé de l'instruction au même siége.

Moniteur du 14 octobre. — Décrets du 11 octobre.

Substitut du procureur général à Lyon, M. Geneste, ancien procureur de la république à Sarlat, en remplacement de M. Lemonier, nommé avocat général à Rouen.

Juge à Melle, M. Randier, juge de paix à la Rochelle, en remplacement de M. Babert de Juillé, nommé juge à Niort.

Juge suppléant à Die, M. Daniel Julliers (c'est *Jullien* qu'il faut lire), avoué, licencié en droit, en remplacement de M. Daniel Julliers, son père, démissionnaire par refus de serment à l'empire.

Moniteur du 15 octobre. — Décrets du 13 octobre.

Procureur de la république à Vendôme, M. Brizard, substitut du procureur de la république à Orléans, en remplacement de M. Lasnière.

Procureur de la république à Romorantin, M. Cornu, substitut du procureur de la république à Blois, en remplacement de M. Perrot.

Substitut du procureur de la république à Blois, M. Gaudron, substitut du procureur de la république à Romorantin, en remplacement de M. Cornu.

Substitut du procureur de la république à Romorantin, M. Dunoyer, avocat à Châteauroux, en remplacement de M. Gaudron, nommé substitut du procureur de la république à Blois.

Substitut du procureur de la république à Blois, M. Pignaud-Dudezert, avocat, en remplacement de M. Guillot.

Juge suppléant à Clamecy, M. Guémy, avoué à Clamecy.

Substitut du procureur général à Aix, M. Fernand Bouteille, avocat à Marseille, en remplacement de M. Maglione, nommé procureur de la république à Nice.

Substitut du procureur général à Aix, M. Poilroux, avocat, en remplacement de M. Guibert, nommé procureur de la république à Marseille.

Président à Marseille, M. Gamel, vice-président au même siége, en remplacement de M. Luce, admis à la retraite.

Vice-présinent à Marseille, M. Maurel, ancien procureur de la république à Marseille, en remplacement de M. Gamel, nommé président au même siége.

Moniteur du 18 octobre. — Décrets du 13 octobre.

Procureur de la république à Nîmes, M. Roussel, ancien procureur de la république à Carpentras, en remplacement de M. Fouest.

Juge à Yvetot, M. Pizieux, avocat à Rouen, en remplacement de M. Mettau-Cartier, nommé sous-préfet à Yvetot.

Procureur de la république à Alais, M. de Ladevèze, ancien procureur de la république à Tournon, en remplacement de M. Moulin.

Substitut du procureur général à Colmar, M. Larché, ancien procureur de la république à Beaune, en remplacement de M. Lemaire, nommé procureur général près la même cour.

Décrets du 14 octobre.

Le décret du 7 octobre dernier qui a nommé M. Bachelot juge suppléant près le tribunal de première instance de Saint-Nazaire est rapporté.

Vice-président du tribunal à Bordeaux (place créée par décret du 14 février 1870), M. Rolland, juge au même tribunal.

Juge à Bordeaux, M. Cabantaus, président à Lesparre, en remplacement de M. Rolland, nommé vice-président à Bordeaux.

Président à Lesparre, M. Parcé, procureur de la république à Nontron, en remplacement de M. Cabantaus, nommé juge à Bordeaux.

Procureur de la république à Nontron, M. Grémillon, substitut du procureur de la république à Bazas, en remplacement de M. Parcé, nommé président à Lesparre.

Substitut du procureur de la république à Bazas, M. de la Grandière, avocat à Bordeaux, en remplacement de M. Grémillon, nommé procureur de la république à Nontron.

Procureur de la république à Libourne, M. Habasque, substitut du procureur de la république à Périgueux, eu remplacement de M. Arnaud, qui sera appelé à d'autres fonctions.

Substitut du procureur de la république à Périgueux, M. Dépiot, substitut du procureur de la république à Confolens, en remplacement de M. Habasque, nommé procureur de la république à Libourne.

Substitut du procureur de la république à Confolens, M. Alquié, substitut du procureur de la république à la Réole, en remplacement de M. Dépiot, nommé substitut à Périgueux.

Substitut du procureur de la république à la Réole, M. Guignaud, avocat à Rouen, en remplacement de M. Alquié, nommé substitut du procureur de la république à Confolens.

Procureur de la république à Bazas, M. Bussenil, substitut du procureur de la république à Libourne, en remplacement de M. de Brézets, qui sera appelé à d'autres fonctions.

Substitut du procureur de la république à Libourne, M. Lefranc, avocat à Bordeaux, en remplacement de M. Bussenil, nommé procureur de la république à Bazas.

Substitut du procureur de la république à Blaye, M. Mazeau, avocat, en remplacement de M. Bougault, démissionnaire.

M. Jubié, ancien juge à Grenoble, est admis à la retraite.

Décrets du 15 octobre.

Procureur général à Bastia, M. Reybaud, nommé procureur général à Douai et non acceptant, en remplacement de M. Kuhnemann, appelé à d'autres fonctions.

Procureur général à Chambéry, M. Finet, avocat, en remplacement de M. Eymard-Duverney, non acceptant.

M. Chautier, juge à Montélimar, sera chargé de l'instruction au même siége. (Lisez : Eyssautier.)

Procureur de la république à Bourg, M. Alliot, substitut du procureur de la république à Valence, en remplacement de M. Rives, démissionnaire.

Juge suppléant à Aix, M. Pons, avocat, en remplacement de M. Négrin, décédé.

Procureur de la république à Castellane, M. Dessaud, avocat à Marseille, en remplacement de M. Remusat.

Est rapporté le décret en date du 5 octobre dernier qui a nommé M. Anatole Pichon-Vendeuil juge au tribunal de première instance de Brives, en remplacement de M. Dumont, qui est maintenu, sur sa demande, dans ses fonctions de juge chargé de l'instruction près le même siége.

Juge à Nevers, M. Sarrazin, juge chargé de l'instruction de Chaumont, en remplacement de M. Corbin, démissionnaire.

Juge à Chaumont, M. Alphandery, juge suppléant au même siége, en remplacement de M. Sarrazin, nommé juge à Nevers.

M. Sarrazin, nommé par le présent décret juge à Nevers, est chargé de l'instruction au même siége.

Procureur de la république à Nantua, M. Morard, avocat à Trévoux, en remplacement de M. de Brye, démissionnaire.

Procureur de la république à Quimper, M. Terrier de Laistre, substitut du procureur de la république à Saint-Brieuc, en remplacement de M. Roumain de la Touche.

Substitut du procureur de la république à Saint-Brieuc, M. Henry, substitut du procureur de la république à Quimperlé, en remplacement de M. Terrier de Laistre, nommé substitut à Quimper.

Substitut du procureur de la république à Quimperlé, M. Cropp, avocat à Rennes, en remplacement de M. Henry, nommé substitut du procureur de la république à Saint-Brieuc.

Procureur de la république à Florac, M. Mallet, substitut du procureur de la république à Avignon, en remplacement de M. Bion de Marlavagne, démissionnaire.

Président de chambre à Grenoble, M. Bigillon, conseiller à la même cour, en remplacement de M. Fiéreck, décédé.

Conseiller à Grenoble, M. Eymard-Duverney, nommé procureur général à Chambéry, non acceptant, en remplacement de M. Bigillon, nommé président de chambre à Grenoble.

Le décret du 9 octobre dernier qui a nommé M. Charpin juge au tribunal de première instance de Saint-Etienne et M. Gaudet juge au tribunal de première instance de Grenoble est ainsi modifié :

M. Gaudet, juge à Saint-Etienne, est nommé juge à Grenoble, en remplacement de M. Dumont, non acceptant.

M. Charpin, substitut du procureur de la république à Grenoble, est nommé juge à Grenoble.

Moniteur du 20 octobre. — Décrets du 19 octobre.

Juge à Guingamp, M. Pichon-Vendeuil, ancien juge de paix, en remplacement de M. de Bois-Boissel, démissionnaire.

Procureur de la république à Vire, M. Surcouf, procureur de la république à Avranches, en remplacement de M. Montembault, non acceptant.

Procureur de la république à Avranches, M. Lahougue, substitut du procureur de la république à Caen, en remplacement de M. Surcouf, nommé procureur de la république à Vire.

Substitut du procureur de la république à Caen, M. Coqueret, substitut du procureur de la république à Coutances, en remplacement de M. Lahougue, nommé procureur de la république à Avranches.

Substitut du procureur de la république à Coutances, M. Rabec, avocat à Coutances, en remplacement de M. Coqueret, nommé substitut du procureur de la république à Caen.

Juge suppléant à Caen, M. Beaujour, avocat, en remplacement de M. Clément, nommé substitut du procureur de la république à Domfront.

Procureur de la république à Domfront, M. Vimard, substitut du procureur de la république à Alençon, en remplacement de M. Daumesnil, non acceptant.

Substitut du procureur de la république à Alençon, M. Legris, avocat à Caen, en remplacement de M. Vimard, nommé procureur de la république à Domfront.

Substitut du procureur de la république à Saint-Etienne, M. Gubian, avocat à Saint-Etienne, en remplacement de M. Baisier, nommé substitut du procureur de la république à Valence.

Substitut du procureur de la république à Valence, M. Baisier, substitut du procureur de la république à Saint-Etienne, en remplacement de M. Alliot, nommé procureur de la république à Bourg.

Décrets du 17 octobre.

Est rapporté le décret du 10 octobre dernier, nommant M. Courmangoux juge de paix à Coligny, en remplacement de M. Eterlin, qui est en conséquence maintenu dans ses anciennes fonctions.

Procureur de la république à Autun, M. Lorin de Reure, procureur de la république à Vassy, en remplacement de M. Cote, non acceptant.

Procureur de la république à Condom, M. Thore, ancien avoué, ancien magistrat, en remplacement de M. Ratouin.

Substitut du procureur de la république à Condom, M. Soubes, avocat à Mont-de-Marsan, en remplacement de M. de Ribal.

Substitut du procureur de la république à Lectoure, M. Compan, avocat, en remplacement de M. Faure.

Moniteur du 21 octobre. — Décrets du 18 octobre.

Substitut du procureur de la république à Lyon, M. Durand, avocat à Lyon, en remplacement de M. Albert.

Procureur de la république à Lons-le-Saunier, M. Duboz, procureur de la république à Saint-Claude, en remplacement de M. Cunéo d'Ornano.

Procureur de la république à Gray, M. Lompré, avocat, docteur en droit, en remplacemeut de M. Contenet, admis à la retraite.

Procureur de la république à Saint-Claude, M. Perruche de Velna, avocat à Besançon, en remplacement de M. Duboz, nommé procureur de la république à Lons-le-Saunier.

M. Izoard, procureur général à Nancy (*sic*).

Substitut du procureur de la république à Avignon, M. Gaillard, avocat à Avignon, en remplacement de M. Mallet, nommé procureur de la république à Florac.

Juge à Clermont-Ferrand, M. Ulrich, juge à Sarreguemines, en remplacement de M. Pons de Poujol, décédé.

Substitut du procureur de la république à Auch, M. Eugène Montbrun avocat à Néris, en remplacement de M. Deffix.

Des dispenses sont accordées à M. Poilroux, nommé le 13 octobre substitut à la cour d'Aix, à raison de sa parenté avec M. Poilroux, président à cette cour.

Moniteur du 23 octobre.

Le *Moniteur* du 21 octobre a indiqué par erreur la nomination de
M. Izoard comme procureur général à Nancy. M. Izoard a été, par
décret du 18 octobre, relevé de ses fonctions de procureur général
à Nancy.

Moniteur du 24 octobre. — Décrets du 20 octobre.

Procureur général à Agen, M. Maumus, avocat à Mirande, en remplacement de M. Delpech, démissionnaire.

Substitut du procureur général à Angers, M. Benoît, substitut du procureur de la république à Angers, en remplacement de M. Morry, démissionnaire.

Décrets du 21 octobre.

Procureur de la république à Lourdes, M. Dumoulin de Labarthède,
procureur de la république à Orthez, en remplacement de M. Lussan,
démissionnaire.

Procureur de la république à Orthez, M. Abbadie, substitut du procureur de la république à Mont-de-Marsan, en remplacement de M. Dumoulin de Labarthède, nommé procureur de la république à Lourdes.

Substitut du procureur de la république à Mont-de-Marsan, M. Ca-
renne, substitut du procureur de la république à Dax, en remplacement de M. Abbadie, nommé procureur de la république à Orthez.

Substitut du procureur de la république à Dax, M. Pailhé, substitut
du procureur de la république à Lourdes, en remplacement de M. Ca-
renne, nommé substitut du procureur de la république à Mont-de-
Marsan.

Substitut du procureur de la république à Lourdes, M. Batbié, juge
suppléant à Pau, en remplacement de M. Pailhé, nommé substitut
du procureur de la république à Dax.

L'instruction et retirée à M. Pulicani, juge à Corte.

M. Figard, juge à Tarbes, est chargé de l'instruction, en remplacement
de M. Barrère, qui redevient sur sa demande simple juge.

Moniteur du 26 octobre. — Décrets du 24 octobre.

Président à la cour de Bourges, M. Servat, premier avocat général à
Bourges, en remplacement de M. Roulhac, admis à la retraite.

Premier avocat général à Bourges, M. Forquet de Dornes (Charles), avocat, en remplacement de M. Servat, nommé président à la cour. (Deux fois nommé : le *Moniteur* du 13 octobre portait la nomination de M. Forquet comme substitut à Moulins.)

Substitut à Moulins, M. Monate, avocat à Clermont, en remplacement de M. Forquet de Dornes, non acceptant.

Substitut du procureur de la république à. Nantes, M. Dupuy, substitut du procureur de la république à Lorient, en remplacement de M. d'Espériès.

Substitut du procureur de la république à Lorient, M. Massabiau, substitut du procureur de la république à Pontivy, en remplacement de M. Dupuy, nommé procureur de la république à Nantes.

Substitut du procureur de la république à Pontivy, M. Pironneau, substitut du procureur de la république à Châteaubriant, en remplacement de M. Massabiau, nommé substitut du procureur de la république à Lorient.

Substitut du procureur de la république à Châteaubriant, M. Besnier, avocat à Rennes, en remplacement de M. Pironneau, nommé substitut du procureur de la république à Pontivy.

Juge suppléant à Château-Thierry, M. Reishofer, avocat à Château-Thierry, en remplacement de M. Bahu, décédé.

Procureur de la république à Foix, M. Salvagnac, procureur de la république à Castel-Sarrazin, en remplacement de M. Pouradier-Dutheil, nommé procureur de la république à Castres.

Procureur de la république à Castel-Sarrazin, M. Milhat, substitut du procureur de la république à Villefranche, en remplacement de M. Salvagnac, nommé procureur de la république à Foix.

Procureur de la république à Villefranche, M. Lacroix, avocat, docteur en droit, en remplacement de M. Milhat, nommé procureur de la république à Castel-Sarrazin.

Procureur de la république à Castres, M. Pouradier-Dutheil, procureur de la république à Foix, en remplacement de M. Labroguère.

Procureur de la république à Gaillac, M. Bazin, procureur de la république à Moissac, en remplacement de M. Béhaguel.

Procureur de la république à Moissac, M. Jordain, substitut du procureur de la république à Foix, en remplacement de M. Bazin, nommé procureur de la république à Gaillac.

Substitut du procureur de la république à Foix, M. de Sarrieu, substitut du procureur de la république à Saint-Gaudens, en remplacement de M. Jordain, nommé procureur de la république à Moissac.

Substitut du procureur de la république à Saint Gaudens, M. Delmas fils, avocat à Villefranche, en remplacement de M. de Sarrieu, nommé substitut du procureur de la république à Foix.

Procureur de la république à Pamiers, M. Dupin de la Forcade, substitut du procureur de la république à Albi, en remplacement de M. Caze, nommé procureur de la république à Villefranche.

Substitut du procureur de la république à Albi, M. Gorguos, substitut du procureur de la république à Lavau, en remplacement de M. Dupin de la Forcade, nommé procureur de la république à Pamiers.

Procureur de la république à Saint-Girons, M. Tourné, procureur de la république à Saint-Gaudens, en remplacement de M. de Moly.

Procureur de la république à Saint-Gaudens, M. Favarel, avocat à Toulouse, en remplacement de M. Tourné, nommé procureur de la république à Saint-Girons.

Substitut du procureur de la république à Gaillac, M. Garat, avocat, en remplacement de M. Larue.

Substitut du procureur de la république à Albi, M. Fabreguette, avocat, en remplacement de M. Malaviale.

Procureur de la république à Lavaur, M. Dejean, substitut du procureur de la république à Castres, en remplacement de M. Boussac.

Substitut du procureur de la république à Castres, M. Paul de Casteras, avocat, en remplacement de M. Dejean, nommé procureur de la république à Lavaur.

Procureur de la république à Villefranche, M. Caze, procureur de la république à Pamiers, en remplacement de M. Desazars.

Procureur de la république à Toulouse, M. Delcurron, substitut près le même tribunal, en remplacement de M. Cousin, démissionnaire.

Substitut du procureur de la république à Toulouse, M. Labusquette, avocat à Agen, en remplacement de M. Delcurron, nommé procureur de la république près le même tribunal (sic).

Substitut du procureur de la république à Villefranche, M. Vigier, avocat à Montauban, en remplacement de M. Sarthe-Sarrivatet.

Moniteur du 27 octobre. — Décrets du 24 octobre.

Procureur de la république à Montélimar, M. Philouze, procureur de la république à Saint-Brieuc, en remplacement de M. Nicolas, non acceptant.

Substitut du procureur de la république à Pont-Audemer, M. Lesciours, avocat à Alençon, en remplacement de M. Joulin.

Procureur de la république à Vienne, M. Bernard, avocat à Grenoble, en remplacement de M. Mugnier, nommé procureur de la république à Annecy.

Procureur de la république à Avesnes, M. Faure-Biguet, ancien procureur de la république à Gex, en remplacement de M. Delagorce, nommé procureur de la république à Saint-Omer.

Le décret daté à Tours du 19 septembre dernier, qui a nommé M. Roujol substitut à Lesparre, est rapporté.

Est confirmé le décret daté à Paris du 18 septembre dernier, qui a nommé M. Roujol substitut à Brest, en remplacement de M. Philouze (lequel vient d'être indiqué comme procureur de la république à Saint-Brieuc).

Décrets du 25 octobre.

Avocat général à Bourges, M. Rouzé, avocat à Nevers, en remplacement de M. Chénon.

Juge suppléant au Blanc, M. Appay, juge suppléant à Rocroi.

Avocat général à Grenoble, M. Debanne, procureur de la république à Gap, en remplacement de M. Lionville, non acceptant.

Procureur de la république à Gap, M. Grimaud, procureur de la république à Bourgoin, en remplacement de M. Debanne, nommé avocat général à Grenoble.

Procureur de la république à Bourgoin, M. Gariod, substitut du procureur de la république à Gap, en remplacement de M. Grimaud, nommé procureur de la république à Gap.

Substitut du procureur de la république à Gap, M. Blanc, substitut du procureur de la république à Bourgoin, en remplacement de M. Gariod, nommé procureur de la république à Bourgoin.

Substitut du procureur de la république à Bourgoin, M. Clément, juge suppléant à Grenoble, en remplacement de M. Blanc, nommé substitut du procureur de la république à Gap.

Avocat général à Rouen, M. Pouyer, procureur de la république à Rouen, en remplacement de M. Grenier.

Procureur de la république à Rouen, M. Letellier, président de la chambre des avoués à Rouen, en remplacement de M. Pouyer, nommé avocat général à Rouen.

Substitut du procureur général à Rouen, M. Loiseau, substitut du procureur de la république à Rouen, en remplacement de M. Hardouin.

Substitut du procureur de la république à Rouen, M. Lesage, avocat à Rouen, docteur en droit, en remplacement de M. Loiseau, nommé substitut du procureur général à Rouen.

Substitut du procureur de la république à Rouen, M. Denis, avocat au Hâvre, docteur en droit, en remplacement de M. Capperon.

Procureur de la république à Dieppe, M. Borville, substitut du procureur de la république à Alais, en remplacement de M. Anctin.

Procureur de la république à Yvetot, M. Saint-Requier, procureur de la république aux Andelys, en remplacement de M. Chrétien.

Procureur de la république aux Andelys, M. Mairet, substitut du procureur de la république à Neufchâtel, en remplacement de M. Saint-Requier, nommé procureur de la république à Yvetot.

Substitut du procureur de la république à Neufchâtel, M. Lenoël, substitut du procureur de la république à Castellane, en remplacement de M. Mairet, nommé procureur de la république aux Andelys.

Substitut du procureur de la république au Hâvre, M. Maron, avocat, docteur en droit, en remplacement de M. Oursel.

Juge suppléant au tribunal de première instance du Hâvre, M. Lefébure, avocat au Hâvre, en remplacement de M. Suizille, démissionnaire (sic).

Juge suppléant à Bernay, M. Frémont, avoué près le même tribunal, en remplacement de M. Frondirré, démissionnaire.

Moniteur du 29 octobre. — Décrets du 27 octobre.

Premier avocat général à Besançon, M. Estignard, avocat général près la même cour, en remplacement de M. Poignard.

Avocat général à Besançon, M. Eloy, substitut du procureur de la république à Lyon, en remplacement de M. Estignard, nommé premier avocat général à Besançon.

Procureur de la république à Saint-Brieuc, M. Baisier, substitut du procureur de la république à Valence, en remplacement de M. Philouze, nommé procureur de la république à Montélimar.

Suppléant du juge de paix à Magnac-Laval, M. Rigaud-Dumonard, en remplacement de M. Daubain, démissionnaire.

Le décret en date du 26 septembre dernier qui a nommé M. Reybaud procureur général à Douai en remplacement de M. Morcrette est rapporté. En conséquence, M. Morcrette est maintenu dans ses fonctions.

M. Sarrazin, nommé juge à Nevers par décret du 15 octobre dernier, et chargé de l'instruction par le même décret, est, sur sa demande, rétabli dans ses anciennes fonctions de juge chargé de l'instruction près le tribunal de Chaumont.

Substitut du procureur de la république à Lavaur, M. Pinel de Truil-
has, avocat, en remplacement de M. Gorguos, nommé substitut du
procureur de la république à Albi.

Juge suppléant à Saintes, M. Longueteau, suppléant du juge de paix à
Saintes, avoué près le même tribunal.

Le décret du 17 octobre dernier qui a nommé M. Sourbès substitut du
procureur de la république à Condom est ainsi rectifié :

M. Sourbès, avocat à Mont-de-Marsan, est nommé substitut du procureur de la république à Condom, en remplacement de M. Dupray
et non de M. Bibal.

Moniteur du 31 octobre. — Décrets du 29 novembre (*sic*).

Par décrets du 29 novembre sont nommés :

Substitut du procureur de la république à Bourganeuf, M. Georges de
Savignen, avocat à Châtellerault, en remplacement de M. Chanut.

Procureur de la république à Pontarlier, M. Férand, substitut du procureur de la république à Vesoul, en remplacement de M. Bosc, démissionnaire.

Moniteur du 6 novembre. — Décrets du 2 novembre.

Juge suppléant à Agen, M. Vacquery, avocat, suppléant du juge de
paix à Agen.

Premier avocat général à Limoges, M. Tallandier, ancien magistrat, en
remplacement de M. Villetard de Laguerie.

Substitut du procureur de la république à Vesoul, M. Denoix, substitut du procureur de la république à Montbéliard, en remplacement
de M. Férand, nommé procureur de la république à Pontarlier.

Substitut du procureur de la république à Montbéliard, M. Maire,
juge suppléant à Lure, en remplacement de M. Denoix, nommé
substitut du procureur de la république à Vesoul.

Substitut du procureur de la république à Embrun, M. Aymé, avocat
à Grenoble, en remplacement de M. Laurent, nommé substitut du
procureur de la république à Marseille.

Substitut du procureur de la république à Castellane, M. Abram, avocat à Aix, en remplacement de M. Lenoël, nommé substitut du procureur de la république à Neufchâtel.

Moniteur du 7 novembre. — Décrets du 3 novembre.

Procureur de la république à Fontenay-le-Comte, M. Marcillaud de Bussac, juge suppléant à Brives, en remplacement de M. Gaillard de la Dionnerie.

Procureur de la république à Thiers, M. Durif, avocat, en remplacement de M. Rigal.

Le décret du 17 octobre dernier qui a nommé M. Pichon-Vendeuil juge à Guingamp, en remplacement de M. de Bois-Boissel, est rapporté. M. de Bois-Boissel, en conséquence, est maintenu dans ses fonctions.

Décrets du 28 octobre.

Substitut du procureur de la république à Lyon, M. Fochier, avocat à Lyon, en remplacement de M. Marin, démissionnaire.

Substitut du procureur de la république à Orléans, M. Isnard, substitut du procureur de la république à Montargis, en remplacement de M. Brizard, nommé procureur de la république à Vendôme.

Substitut du procureur de la république à Valence, M. Emblard, juge suppléant à Bourgoin, en remplacement de M. Baisier, nommé procureur de la république à Saint-Brieuc.

M. de la Batide, procureur de la république à Saint-Affrique, est relevé de ses fonctions.

Moniteur du 8 novembre. — Décrets du 4 novembre.

Procureur de la république à Belley, M. Pierre Robin, avocat à Lyon, en remplacement de M. Michaille, démissionnaire.

Procureur de la république à Lourdes, M. Grousson, substitut du procureur de la république à Tarbes, en remplacement de M. Dumoulin de la Berthète, non acceptant.

Substitut du procureur de la république à Tarbes, M. Aylies, substitut du procureur de la république à Bagnères, en remplacement de M. Grousson, nommé procureur de la république à Lourdes.

Juge à Lille, M. Charles Casati, avocat, docteur en droit, en remplacement de M. Artaud, admis à la retraite et nommé juge honoraire.

Le décret du 30 octobre qui a nommé procureur de la république à la Roche-sur-Yon M. Bruno-Lacaze, juge suppléant à Avignon, en remplacement de M. Baile, est rapporté ; en conséquence, **M.** Baile est maintenu dans ses fonctions.

M. Bruno-Lacaze, juge suppléant à Avignon, nommé procureur de la république à la Roche-sur-Yon par décret du 30 octobre, rapporté cejourd'hui, est nommé procureur de la république aux Sables d'Olonne, en remplacement de M. Parenteau-Dubeugnon.

Moniteur du 9 novembre. — Décrets du 30 octobre.

Juge à Langres, M. Larcher, procureur de la république à Charolles, en remplacement de M. Béguinot, décédé.

Procureur de la république à Charolles, M. Gondard, avocat à Charolles, en remplacement de M. Larcher, nommé juge à Langres.

Substitut du procureur de la république à Grenoble, M. Duhamel, substitut du procureur de la république à Gap, en remplacement de M. Charpin, nommé juge à Saint-Etienne.

Juge suppléant à Lille, M. Chéry père, bâtonnier de l'ordre des avocats à Lille, en remplacement de M. Desrousseaux, nommé juge suppléant honoraire.

Substitut du procureur de la république à Lesparre, M. Albert de la Sudrie, avocat à Bordeaux, en remplacement de M. Ducasse.

M. Larcher, nommé juge à Langres par décret du 30 octobre, est chargé de l'instruction au même siége.

Décrets du 31 octobre.

Substitut du procureur général à Colmar, M. de Neyremand, substitut du procureur de la république à Strasbourg, en remplacement de M. Larché, non acceptant.

Substitut du procureur de la république à Strasbourg, M. Lauth, substitut du procureur de la république à Mulhouse, en remplacement de M. de Neyremand, nommé substitut du procureur général à Colmar.

Substitut du procureur de la république à Mulhouse, M. Clément, substitut du procureur de la république à Colmar, en remplacement de M. Lauth, nommé substitut du procureur de la république à Strasbourg.

Substitut du procureur de la république à Lille, M. Dupont, substitut du procureur de la république à Avesnes.

Substitut du procureur de la république à Avesnes, M. Gronier, avocat à Douai, en remplacement de M. Dupont, nommé substitut à Lille.

Procureur de la république à Arras, M. Petit, substitut du procureur de la république à Boulogne-sur-Mer, en remplacement de M. Pelletreau.

Substitut du procureur de la république à Boulogne-sur-Mer, M. Nasceaux, substitut du procureur de la république à Béthune, en remplacement de M. Petit, nommé procureur de la république à Arras.

Décret du 7 novembre.

Conseiller à Aix, M. Anastay, juge à Aix, en remplacement de M. Fleury, admis à la retraite. (Décret du 1er mars 1852.)

Juge à Aix, M. Valabrègue, substitut du procureur de la république à Saint-Marcellin, en remplacement de M. Anastay, nommé conseiller à Aix.

Procureur de la république à la Réole, M. Gachassin-Lafitte, avocat à Bordeaux, en remplacement de M. Dumoulin, démissionnaire.

Substitut du procureur de la république à Angers, M. Lenoël, substitut du procureur de la république à Neufchâtel, en remplacement de M. Benoît, nommé substitut du procureur général à Angers.

Procureur de la république à Loudun, M. Mauflastre, substitut du procureur de la république à Poitiers, en remplacement de M. Jouvion, nommé procureur de la république à Saintes.

Substitut du procureur de la république à Poitiers, M. Broussard, substitut du procureur de la république à Loudun, en remplacement de M. Mauflastre, nommé procureur de la république à Loudun.

Substitut du procureur de la république à Loudun, M. Thézard, avocat à Poitiers, docteur en droit, en remplacement de M. Broussard, nommé substitut du procureur de la république à Poitiers.

Décret du 6 novembre.

M. Roque, président du tribunal de Toulon, est suspendu de ses fonctions.

Moniteur du 10 novembre. — Décrets du 8 novembre.

Conseiller à Limoges, M. Charin, président à Bellac, en remplacement de M. Sulpicy, admis à la retraite et nommé conseiller honoraire,

Procureur de la république à Nîmes, M. Jacquemain, juge suppléant à Belfort, en remplacement de M. Roussel.

Substitut du procureur de la république à Vendôme, M. Rousse, juge suppléant en cette ville, en remplacement de M. Beaussier, démissionnaire.

Procureur de la république à Montluçon, M. Girault, ancien procureur de la république à Issoire, en remplacement de M. Tixier de la Chapelle.

M. Letellier, procureur de la république à Rouen, est relevé de ses fonctions.

Moniteur du 11 novembre. — Décrets du 9 novembre.

Conseiller à Bourges, M. Dubois, avocat à Bourges, ancien bâtonnier, en remplacement de M. Chenon, admis à la retraite et nommé conseiller honoraire.

Substitut du procureur de la république à Béthune, M. Bottin, juge suppléant à Hazebrouck, en remplacement de M. Nascaux, nommé substitut du procureur de la république à Boulogne-sur-Mer.

Substitut du procureur de la république à Neufchâtel, M. Pain, avocat à Rouen, en remplacement de M. Lenoël, nommé substitut du procureur de la république à Angers.

Substitut du procureur de la république à Lyon, M. Debrie, substitut du procureur de la république à Saint-Etienne, en remplacement de M. Eloy, nommé avocat général à Besançon.

Substitut du procureur de la république à Bonneville, M. Dullion, substitut du procureur de la république à Albertville, en remplacement de M. Puech, nommé procureur de la république à Prades.

Substitut du procureur de la république à Albertville, M. Venot, avocat à Chambéry, en remplacement de M. Dullion, nommé substitut du procureur de la république à Bonneville.

Président du tribunal de Nîmes, M. Griffe, avocat à Béziers, membre du conseil général, en remplacement de M. Chambon, admis à la retraite.

Est révoqué M. Arrighi, procureur de la république à Calvi.

Moniteur du 12 novembre. — Décrets du 22 octobre.

Procureur de la république à Barcelonnette, M. Silbert, avocat à Toulon, en remplacement de M. Dessaud, non acceptant.

Juge suppléant à Bordeaux, M. Monteaud, avocat.

Juge suppléant à Libourne, M. Chaperon, avocat, en remplacement de M. Roujol, nommé substitut du procureur de la république à Brest.

Substitut du procureur de la république à Die, M. Monnier, avocat, en remplacement de M. Bert.

Procureur de la république à Mayenne, M. Vacheron, avocat à Moulins, en remplacement de M. Verlet.

Moniteur du 13 novembre. — Décrets du 10 octobre (*sic*).

Substitut du procureur de la république à Saint-Etienne, M. Louis-Marie-Hippolyte Morellet, avocat, en remplacement de M. Debrie, nommé substitut du procureur de la république à Lyon.

Substitut du procureur de la république à Alais, M. Félix-Paul Teulon, avocat, en remplacement de M. Borville, nommé procureur de la république à Dieppe.

Moniteur du 14 novembre. — Décrets du 12 novembre.

Procureur de la république à la Rochelle, M. Bergier, substitut du procureur de la république à Rochefort, en remplacement de M. Brand.

Substitut du procureur de la république à Bagnères de Bigorre, M. Maulion, avocat à Poitiers, en remplacement de M. Aylies, nommé substitut du procureur de la république à Tarbes.

Juge suppléant à Tarascon, M. Touzé, avocat à Marseille, en remplacement de M. Fagu, décédé.

Juge suppléant à Dinan, M. Avril, juge de paix du canton de Saint-Philibert de Grand-Lieu, en remplacement de M. Jouon, nommé substitut du procureur de la république à Lannion.

Juge à Thonon, M. Bebert, juge de paix à Aix-les-Bains, en remplacement de M. Morand, nommé juge de paix à Saint-Pierre d'Albigny.

M. Letellier est rétabli dans ses fonctions de procureur de la république à Rouen.

M. Vatar, juge à Rennes, est chargé de l'instruction au même siége, en remplacement de M. Labbé.

Moniteur du 17 novembre. — Décrets du 15 novembre.

Procureur de la république à Mont-de-Marsan, M. Gonod d'Artemarre, ancien procureur de la république à Bellac, en remplacement de M. de Montclar.

Juge à Nevers, M. Golliet, juge à Blidah, en remplacement de M. Corbin, démissionnaire.

Juge à Grenoble, M. Moural, juge chargé de l'instruction à Gap, en remplacement de M. Bellier du Charmeil, admis sur sa demande à la retraite et nommé juge honoraire.

Substitut du procureur général à Toulouse, M. Bigot, avocat, ancien préfet de l'Indre, en remplacement de M. Niel.

Substitut du procureur de la république à Gap, M. Neveu-Lemaire, ancien substitut du procureur de la république à Dijon, en remplacement de M. Duhamel, nommé substitut du procureur de la république à Grenoble.

Substitut du procureur de la république à Montargis, M. Malécot, avocat, docteur en droit, en remplacement de M. Isnard, nommé substitut du procureur de la république à Orléans.

Substitut du procureur de la république à Saint-Marcellin, M. Dubron, avocat, en remplacement de M. Valabrègue, nommé juge à Aix.

M. Golliet, nommé juge à Nevers par décret de ce jour, est chargé de l'instruction au même siége.

M. Regimbaud, juge à Marseille, est, sur sa demande, déchargé de l'instruction, qui est confiée à M. Verger, juge au même tribunal.

Moniteur du 18 novembre. — Décrets du 15 novembre.

Conseiller à Pau, M. Lion, ancien procureur de la république à Grenoble, en remplacement de M. Adéma, décédé.

Procureur de la république à Saint-Girons, M. Moras, avocat, docteur en droit, en remplacement de M. Tourné, démissionnaire.

Juge suppléant à Angers, M. Quéruau-Lamerie, avocat à Angers.

Juge suppléant à Cholet, M. Goizet, avoué à Cholet.

Juge suppléant à Baugé, M. Coudreuse, avoué à Baugé.

Juge suppléant à Baugé, M. Bachelier, avocat au même tribunal.

Juge suppléant au Mans, M. Baillergeau, juge suppléant à Mayenne.

Juge suppléant à Mamers, M. Marteau, avoué au même tribunal.

Moniteur du 19 novembre. — Décrets du 16 novembre.

Procureur de la république à Digne, M. Vacher, substitut au même siége, en remplacement de M. Marcy, dont la démission est acceptée.

Substitut du procureur de la république à Digne, M. Reboul, avocat à Aix, en remplacement de M. Vacher, nommé procureur de la république à Digne.

Procureur de la république à Barcelonnette, M. Perrin, substitut du procureur de la république à Digne, en remplacement de M. Silbert, nommé juge de paix du 1er arrondissement de Marseille.

Procureur de la république à Brignoles, M. Seymar, substitut du procureur de la république au même siége, en remplacement de M. Granet, nommé juge de paix du 4e arrondissement de Marseille.

Substitut du procureur de la république à Brignoles, M. Abram, avocat à Aix, en remplacement de M. Seymar, nommé procureur de la république à Brignoles.

Procureur de la république à Roanne, M. Reynaud, substitut du procureur de la république à Villefranche, en remplacement de M. Dieu-Labrasserie.

Décrets du 17 novembre.

Président à Riom, M. Leyragne, avocat à Riom, en remplacement de M. Labrosse, décédé.

Procureur de la république à Périgueux, M. Mallet, procureur de la république à Florac, en remplacement de M. Bataille, dont la démission est acceptée.

Conseiller à Alger, M. Bailleul, substitut du procureur général à Caen, en remplacement de M. Farine, nommé conseiller à Bordeaux.

Substitut du procureur général à Caen, M. Esnault, substitut du procureur de la république à Caen, en remplacement de M. Bailleul, nommé conseiller à Alger.

Substitut du procureur de la république à Caen, M. Lemaître, substitut du procureur de la république à Coutances, en remplacement de M. Esnault, nommé substitut du procureur général à Caen.

Substitut du procureur de la république à Coutances, M. Trochon, substitut du procureur de la république à Argentan, en remplacement de M. Lemaître, nommé substitut du procureur de la république à Caen.

Substitut du procureur de la république à Argentan, M. Lebart, juge suppléant, à Pont-l'Evêque, en remplacement de M. Trochon, nommé substitut du procureur de la république à Coutances.

Substitut du procureur de la république à Bayeux, M. Benoît, substitut du procureur de la république à Pont-l'Evêque, en remplacement de M. Pellerin.

Substitut du procureur de la république à Pont-l'Evêque, M. Mezaise, juge suppléant à Bayeux, en remplacement de M. Benoît, nommé substitut du procureur de la république à Bayeux.

Juge suppléant à Caen, M. Marcadé, avocat à Paris.

Substitut du procureur de la république à Pont-Audemer, M. Pellerin, avocat à Caen, en remplacement de M. Lésiour, démissionnaire.

Moniteur du 24 novembre. — Décret du 20 novembre.

M. Morisse, juge à Yvetot, est chargé de l'instruction au même siége.

Décrets du 22 novembre.

Substitut du procureur de la républiqne à Toulouse, M. Pelleport, avocat à Saint-Gaudens, en remplacement de M. Vigier, non acceptant.

Substitut du procureur de la république à Villefranche, M. Roussel, juge à la Basse-Terre, en remplacement de M. Reynaud, nommé procureur de la république à Roanne.

Procureur de la république à Florac, M. Belon, avocat à Florac, en remplacement de M. Mallet, nommé procureur de la république à Périgueux.

Substitut du procureur de la république à Rochefort, M. Demartial, substitut du procureur de la république à Parthenay, en remplacement de M. Bergier, nommé procureur de la république à la Rochelle.

Substitut du procureur de la république à Saintes, M. Jabouille, avocat à Poitiers, en remplacement de M. Regnault.

Des dispenses sont accordées à M. de Neyremand, nommé substitut du procureur général à Colmar par décret du 31 octobre dernier, à raison de sa parenté au degré prohibé avec M. de Neyremand, conseiller à la même cour.

Moniteur du 25 novembre. — Décrets du 22 novembre.

Procureur de la république à Saint-Affrique, M. Nadal, procureur de la république à Saint-Pons, en remplacement de M. de la Bàtie, révoqué.

Procureur de la république à Saint-Pons, M. Rozier, substitut du procureur de la république à Castelnaudary, en remplacement de M. Nadal, nommé procureur de la république à Saint-Affrique.

Substitut du procureur de la république à Perpignan, M. Pujo, substitut du procureur de la république à Carcassonne, en remplacement de M. Boubée.

Substitut du procureur de la république à Carcassonne, M. Recouly, substitut du procureur de la république à Narbonne, en remplacement de M. Pujo, nommé substitut du procureur de la république à Perpignan.

Substitut du procureur de la république à Narbonne, M. Ponset, avocat à Montpellier, en remplacement de M. Recouly, nommé substitut du procureur de la république à Carcassonne.

Juge suppléant à Villefranche, M. Granier, en remplacement de M. Marnejouls.

Juge suppléant à Espalion, M. Denayrouse, avoué, en remplacement de M. Devic.

Moniteur du **28** novembre. — Décrets du **25** novembre.

Substitut du procureur de la république à Ruffec, M. Bourgoint-Lagrange, avocat à Bordeaux, en remplacement de M. Gauban.

Juge à Gap, M. Caffarel, juge à Bourgoin, en remplacement de M. Moural, nommé juge à Grenoble.

Juge à Bourgoin, M. Brun, juge à Briançon, en remplacement de M. Caffarel, nommé juge à Gap.

Juge à Briançon, M. Vallier-Colombier, juge suppléant à Saint-Marcellin, en remplacement de M. Brun, nommé juge à Bourgoin.

Vice-président à Montbrison, M. Chaize, juge au même tribunal, en remplacement de M. Boudot, admis à la retraite.

Juge à Montbrison, M. Bouvier, avocat à Montbrison, en remplacement de M. Chaize, nommé vice-président à Montbrison.

M. Caffarel, nommé juge à Gap par décret de ce jour, est chargé de l'instruction au même siége.

M. Casati, juge à Lille, est chargé de l'instruction au même siége.

M. Philouze, procureur de la république à Montélimar, est relevé de ses fonctions.

Moniteur du **1er** décembre. — Décrets du **27** novembre.

Juge suppléant à Castellane, M. Arnaud, notaire et maire à Castellane, en remplacement de M. Damandole père.

Juge à Niort, M. Hérissé, juge chargé de l'instruction à Montmorillon, en remplacement de M. Clerc-Lassale, décédé.

Juge suppléant à Avignon, M. Guibert, avoué à Avignon, en remplacement de M. Lacaze, nommé procureur de la république aux Sables d'Olonne.

Juge suppléant à Rouen, M. Ricard, avocat, docteur en droit, en remplacement de M. Gompertz, décédé.

Moniteur du **2** décembre. — Décrets du **29** novembre.

Juge suppléant à Alby, M. Carcenac, avocat.

Juge suppléant à Alby, M. Combes, avocat.

Juge suppléant à Alby, M. Veyriac, avocat.

Juge suppléant à Confolens, M. Branchaud, avoué à Confolens.

M. Bergounioux, juge à Montluçon, est chargé de l'instruction au même siége, en remplacement de M. de la Grange.

Procureur de la république à Lesparre, M. Larrotte, avocat à Lesparre, en remplacement de M. de la Seiglière, dont la démission est acceptée.

Substitut du procureur de la république à Parthenay, M. Jozeau, substitut du procureur de la république à Saint-Calais, en remplacement de M. Demartial, nommé procureur de la république à Rochefort.

Procureur de la république à Montélimar, M. Revel, procureur de la république à Embrun, en remplacement de M. Philouze, relevé de ses fonctions.

Procureur de la république à Embrun, M. Lombard, substitut du procureur de la république à Valence, en remplacement de M. Revel, nommé procureur de la république à Montélimar.

Substitut du procureur de la république à Valence, M. Badin, substitut du procureur de la république à Bourgoin, en remplacement de M. Lombard, nommé procureur de la république à Embrun.

Substitut du procureur de la république à Bourgoin, M. Bert, ancien substitut du procureur de la république à Die, en remplacement de M. Badin, nommé substitut du procureur de la république à Valence.

Procureur de la république à Barcelonnette, M. de Bottini, substitut à Forcalquier, en remplacement de M. Perrin, non acceptant, et maintenu sur sa demande dans ses fonctions de substitut du procureur de la république à Digne.

Substitut du procureur de la république à Forcalquier, M. Proal, juge suppléant chargé de l'instruction à Tarascon, en remplacement de M. de Bottini, nommé procureur de la république à Barcelonnette.

Juge à Clermont-Ferrand, M. Morainville, juge à Thiers, en remplacement de M. Gaubert, nommé juge à Thiers.

Juge à Thiers, M. Gaubert, juge à Clermont-Ferrand, en remplacement do M. Morainville, nommé juge à Clermont-Ferrand.

M. Gaubert, nommé juge à Thiers suivant décret de ce jour, est chargé de l'instruction au même siége, en remplacement de M. Deroure, auquel cette fonction est retirée.

Décrets du 30 novembre.

Juge suppléant à Saint-Pol, M. Camaret, docteur en droit.

Avocat général à Agen, M. Grenier de Cardenal, avocat à Villeneuve-sur-Lot, en remplacement de M. Simon.

Substitut du procureur général à Agen, M. Cabadé, avocat à Agen, en remplacement de M. Destannes de Bernis.

Procureur de la république à Agen, M. Imbert, avocat à Lesparre, en remplacement de M. Calmels de Puntis.

Procureur de la république à Marmande, M. Champeix, avocat à Villeneuve-sur-Lot, en remplacement de M. Irat.

Substitut du procureur de la république à Marmande, M. Montaut, avocat à Marmande, en remplacement de M. Treuty.

Procureur de la république à Villeneuve-sur-Lot, M. Cénac-Moncaut, avocat à Saint-Gaudens, en remplacement de M. Périer, nommé procureur de la république à Gourdon.

Procureur de la république à Nérac, M. Jouiton fils, avocat à Agen, en remplacement de M. Calvet.

Substitut du procureur de la république à Cahors, M. Cieutat, avocat à Saint-Gaudens, en remplacement de M. Bibal.

Substitut du procureur de la république à Figeac, M. Sellier, avocat à Paris, en remplacement de M. de la Vèze.

Procureur de la république à Gourdon, M. Périer, procureur de la république à Villeneuve-sur-Lot, en remplacement de M. Vallet.

Substitut du procureur de la république à Gourdon, M. Giraud-Desfosses, avocat à Paris, en remplacement de M. Curière de Castelnau.

Décret du 30 novembre.

Substitut du procureur de la république à Saint-Calais, M. Martin, avocat à Tours, en remplacement de M. Jozeau, nommé substitut du procureur de la république à Parthenay.

Moniteur du 3 décembre.

Le *Moniteur* d'hier annonce par erreur la nomination de M. Sellier comme substitut à Figeac ; c'est M. Justin Allien qui est nommé à ce poste.

Moniteur du 6 décembre. — Décrets du 3 décembre.

Président à Milhau, M. Celles, avocat, juge suppléant au même siége, en remplacement de M. Dalbis, admis à la retraite.

Juge suppléant à Cahors, M. Dufour, avocat, en remplacement de M. Dufour père, démissionnaire.

Avocat général à Limoges, M. Estignard, premier avocat général à Besançon, en remplacement de M. Talandier, premier avocat général, non acceptant.

Avocat général à Besançon, M. Bailleul, conseiller à Alger, en remplacement de M. Estignard, nommé avocat général à Limoges. (Deux fois nommé.)

Juge à la Roche-sur-Yon, M. Lamer, avocat aux Andelys, en remplacement de M. Loubignac, non acceptant et maintenu dans ses fonctions de juge à Tlemcen.

Président à Bellac, M. Pailler, procureur de la république au même siége, en remplacement de M. Charin, nommé conseiller à Limoges.

Procureur de la république à Bellac, M. Goursaud de la Jousselenie, procureur de la république à Aubusson, en remplacement de M. Pailler, nommé président à Bellac.

Procureur de la république à Aubusson, M. Peyrac, juge de paix à Sétif, en remplacement de M. Goussaud de la Jousselenie, nommé procureur de la république à Bellac.

Procureur de la république à Saint-Yrieix, M. Dayras, avocat, en remplacement de M. Laviolette, qui n'a pu accepter.

Juge suppléant à Brives, M. Eschapasse, avocat, en remplacement de M. Marcillaud de Bussac, nommé procureur de la république à Fontenay.

Juge suppléant à Niort, M. Léaud, suppléant du juge de paix du 2ᵉ canton de Niort, en remplacement de M. Lasnonnier, démissionnaire.

Procureur de la république à Bastia, M. Landry, avocat, en remplacement de M. Giordani.

Substitut du procureur de la république à Bastia, M. de Gaffory, juge suppléant à Bastia, en remplacement de M. Catta, nommé procureur de la république à Calvi.

Procureur de la république à Calvi, M. Catta, substitut à Bastia, en remplacement de M. Arrighi, révoqué.

Procureur de la république à Ajaccio, M. Pajanacci, avocat, en remplacement de M. Adriani.

Procureur de la république à Sartène, M. Angeli, avocat, en remplacement de M. Nasica.

Substitut du procureur de la république à Sartène, M. Paul Baret, avocat, en remplacement de M. de Figarelli.

Moniteur du 9 décembre. — Décret du 4 décembre.

Procureur de la république à Rochefort, M. Ricard, ancien avoué à Rochefort, en remplacement de M. Jarrassé, démissionnaire.

Décrets du 5 décembre.

Avocat général à Alger, M. Lebihan, substitut du procureur général à Alger, en remplacement de M. Durand, nommé procureur général à Bourges.

Substitut du procureur général à Alger, M. Fau, procureur de la république à Tlemcen, en remplacement de M. Lebihan, nommé avocat général à Alger.

Procureur de la république à Tlemcen, M. Sauzède, substitut du procureur de la république à Alger, en remplacement de M. Fau, nommé substitut du procureur général à Alger.

Substitut du procureur de la république à Alger, M. Prat, juge chargé de l'instruction à Saint-Pierre (Martinique), en remplacement de M. Sauzède, nommé procureur de la république à Tlemcen.

Conseiller à Alger, M. Dedreuil-Paulet, président à Constantine, en remplacement de M. Clerc.

Président à Constantine, M. Doudart de Lagrée, président à Mostaganem, en remplacement de M. Debreuil-Paulet, nommé conseiller à Alger.

Président à Mostaganem, M. Droulin, juge à Alger, en remplacement de M. Doudart de Lagrée, nommé président à Constantine.

Juge à Alger, M. Bossu, juge à Bône, en remplacement de M. Droulin, nommé président à Mostaganem.

Juge à Bône, M. Roux, juge de paix à Bône, en remplacement de M. Bossu, nommé juge à Alger.

Conseiller à Alger, M. Mignot, président à Bône, en remplacement de M. Bailleul, nommé avocat général à Besançon.

Président à Bône, M. Zeys, juge chargé de l'instruction au même tribunal, en remplacement de M. Mignot, nommé conseiller à Alger.

Juge à Bône, M. Lebrun, juge de paix à Mondovi, en remplacement de M. Zeys, nommé président à Bône.

Président à Blidah, M. Boullay, juge à Alger, en remplacement de M. Loys, admis à la retraite.

Juge à Alger, M. Gastu, avocat à Alger, en remplacement de M. Boullay, nommé président à Blidah.

Juge à Oran, M. Pons, juge de paix à Tenez, en remplacement de M. Roussel, nommé avocat général à Lyon.

Juge à Constantine, M. Forcioli, juge de paix à Biskara, en remplacement de M. Pruez-Latour, démissionnaire.

Juge à Mostaganem, M. Pellereau, juge à Oran, en remplacement de M. Colonna d'Ornano, nommé procureur de la république à Constantine.

Juge à Oran, M. Pécoul, juge de paix à Sidi-bel-Abbès, en remplacement de M. Pellereau, nommé juge à Mostaganem,

Juge à Blidah, M. Enos, défenseur à Alger, en remplacement de M. Golliet, nommé juge à Nevers.

Procureur de la république à Mostaganem, M. Besse de Laromiguière, juge à Mostaganem, en remplacement de M. Moulineuf, démissionnaire.

Juge à Mostaganem, M. Carayol, juge de paix à Misserghin, en remplacement de M. Besse de Laromiguière, nommé procureur de la république à Mostaganem.

Procureur de la république à Oran, M. Blanckaërt, procureur de la république à Sétif, en remplacement de M. Pouget, nommé procureur de la république au Mans.

Procureur de la république à Sétif, M. Bégin, substitut du procureur de la république à Alger, en remplacement de M. Blanckaërt, nommé procureur de la république à Oran.

Substitut du procureur de la république à Alger, M. Blanchard, substitut du procureur de la république à Constantine, en remplacement de M. Bégin, nommé procureur de la république à Sétif.

Substitut du procureur de la république à Constantine, M. Pellault, avocat à Clamecy, en remplacement, de M. Blanchard, nommé procureur de la république à Alger.

Procureur de la république à Philippeville, M. Sartin, avocat à Tlemcen, en remplacement de M. Février.

M. Lancrenon, juge à Oran, est chargé de l'instruction au même siége.

M. Pellereau, nommé juge à Mostaganem par décret de ce jour, est chargé de l'instruction au même siége.

Moniteur du 11 décembre. — Décret du 7 décembre.

Juge suppléant à Pont-l'Evêque, M. Legrip, avoué à Pont-l'Evêque, en remplacement de M. Lebart, nommé substitut du procureur de la république à Argentan.

Juge à Saint-Gaudens, M. Archidet, juge suppléant au même siége, en remplacement de M. Bonhomme-Lacour, décédé.

Moniteur du 16 décembre. — Décrets du 14 décembre.

Substitut du procureur général à Besançon, M. Huault, avocat, docteur en droit, en remplacement de M. Darche.

Procureur de la république à Dôle, M. Vuillermoz, procureur de la république à Baume, en remplacement de M. Lescot.

Procureur de la république à Baume, M. Bartholomot, avocat, en remplacement de M. Vuillermoz, nommé procureur de la république à Dôle.

Substitut du procureur de la république à Montauban, M. Gardelle, substitut du procureur de la république à Moissac, en remplacement de M. Gaugiran.

Substitut du procureur de la république à Moissac, M. Latour-Dejean, avocat, docteur en droit, en remplacement de M. Gardelle, nommé substitut du procureur de la république à Montauban.

Juge suppléant à Cahors, M. Lugnie, avocat, en remplacement de M. Dufour (François), appelé à d'autres fonctions.

Juge à Montmorillon, M. Pichon-Vendeuil, en remplacement de M. Hérissé, nommé juge à Niort.

Juge suppléant à Tarascon, M. d'Arnaud (Paul-Honoré), en remplacement de M. Proal, nommé substitut du procureur de la république à Forcalquier.

Décrets du 13 décembre.

Juge suppléant à Saint-Jean de Maurienne, M. Michel Carcey, avocat à Saint-Jean de Maurienne, en remplacement de M. Grange, appelé à d'autres fonctions.

Procureur de la république à Saint-Jean de Maurienne, M. Cousset, avocat à Chambéry, en remplacement de M. Picollet d'Hermillon.

Procureur de la république à Thonon, M. Boissard, avocat à Chambéry, en remplacement de M. Bresselle.

Juge suppléant à Nîmes, M. Varlat, avocat.

M. Angenoust, substitut du procureur de la république à Sens, est révoqué.

Moniteur du 19 décembre. — Décrets du 16 décembre.

Procureur de la république à Nérac, M. Alban Laboulbène, avocat, en remplacement de M. Jouiton fils, non acceptant.

Président à Vesoul, M. Chofardet, avocat, docteur en droit, en remplacement de M. Grillon, admis à la retraite.

Substitut du procureur de la république à Châteauroux, M. Labat, ancien substitut du procureur de la république à Brignoles, en remplacement de M. Pascaud.

Juge suppléant à Pau, M. Carreau, avocat à Pau, en remplacement de M. Batbie, nommé substitut du procureur de la république à Lourdes.

Juge suppléant à Bagnères de Bigorre, M. Garès, avocat à Colmar.

Juge suppléant à Oloron Sainte-Marie, M. Mendiondou, avocat à Oloron.

Juge suppléant à Bayonne, M. Leremboure, avocat à Bayonne, en remplacement de M. Sublet, décédé.

Juge suppléant à Saint-Palais, M. Tartas, avocat à Pau.

M. Bébert, juge à Thonon, est chargé de l'instruction au même siége, en remplacement de M. Charmot.

M. Chambon, ancien président à Nîmes, est nommé président honoraire.

Moniteur du 20 décembre. — Décrets du 17 décembre.

M. Roussel, ancien magistrat, est nommé conseiller à Montpellier, en remplacement de M. Galavielle, décédé.

Moniteur du 21 décembre. — Décrets du 19 décembre.

Substitut du procureur de la république à Meaux, M. Albert Bédarrides, substitut du procureur de la république à Chaumont, en remplacement de M. Brault.

Substitut du procureur de la république à Chaumont, M. Alphandéry, juge suppléant au même siége, en remplacement de M. Bédarrides, nommé substitut du procureur de la république à Meaux.

Moniteur des 26 et 27 décembre. — Décrets du 21 décembre.

Conseiller à Lyon, M. Ducurtyl, vice-président à Lyon, en remplacement de M. Vachon, décédé.

Vice-président à Lyon, M. Bon, juge chargé de l'instruction au même siége, en remplacement de M. Ducurtyl, nommé conseiller à Lyon.

Juge à Lyon, M. Gros, vice-président à Saint-Etienne, en remplacement de M. Bon, nommé vice-président à Lyon.

Vice-président à Saint-Etienne, M. Longchampt, juge au même siége, en remplacement de M. Gros, nommé juge à Lyon.

Procureur de la république à Vassy, M. Buffe, substitut du procureur de la république à Loudéac, en remplacement de M. Lorin de Rure, nommé procureur de la république à Autun.

M. Claude-Benoît Boudot, ancien vice-président à Montbrison, est nommé vice-président honoraire.

M. Paul-Emile Proudhon, ancien juge à Lyon, est nommé juge honoraire.

Décrets du 24 décembre.

Juge suppléant à Saint-Nazaire, M. Henri-Joseph-Louis Le Bolloch, avocat à Quimper, en remplacement de M. Pavec, nommé substitut du procureur de la république à Ancenis.

Juge suppléant à Digne, M. Rigal, avocat, en remplacement de M. Denoire, décédé.

Moniteur du 30 décembre. — Décrets du 18 décembre

Président à Castelnaudary, M. Mir-Gentil, avocat à Castelnaudary, en remplacement de M. Rigaud, admis à la retraite.

Juge suppléant à Périgueux, M. Souffron, ancien avoué, en remplacement de M. Ducasse.

Juge suppléant à Grenoble, M. Gaudineau, ancien avocat, en remplacement de M. Clément, nommé substitut du procureur de la république à Bourgoin.

Décrets du 26 décembre.

Procureur de la république à Saint-Sever, M. Trinquier, avocat à Nîmes, en remplacement de M. Dufaur de Gavardie.

Procureur de la république à Thonon, M. Willm, avocat à Schelestadt, docteur en droit, en remplacement de M. Roissard, démissionnaire.

Procureur de la républiqne au Blanc, M. Marlier, substitut du procureur de la république à Metz, en remplacement de M. Dufour.

Substitut du procureur de la république à Loudéac, M. de la Vèze, ancien substitut du procureur de la république à Figeac, en remplacement de M. Buffle, nommé procureur de la république à Vassy.

Juge suppléant à Milhau, M. Michelet, avoué, suppléant du juge de paix à Milhau, en remplacement de M. Telles, nommé président en cette ville.

Moniteur du 1er janvier. — Décrets du 28 décembre.

Vice-président à Bordeaux, M. Birot-Breuil, juge au même siége.

Juge à Bordeaux, M. Francis de Miolis, juge chargé de l'instruction à Blaye, en remplacement de M. Birot-Breuil, nommé vice-président à Bordeaux.

Juge à Bordeaux, M. Yvan de Saint-Pierre, juge suppléant au même tribunal, docteur en droit.

Substitut du procureur de la république à Bordeaux, M. Calmon, avocat à Bordeaux.

Juge à Saint-Brieuc, M. Félix Amiard, juge chargé de l'instruction à Quimperlé, en remplacement de M. Miarcec de Kerdanet, glorieusement tombé au combat de l'Hay.

Juge à Quimperlé, M. Nerbonneau, juge suppléant à Tours, en remplacement de M. Amiard, nommé juge à Saint-Brieuc.

M. Nerbonneau, nommé juge à Quimperlé par décret de ce jour, sera chargé de l'instruction au même siége.

Décrets du 30 décembre.

Procureur de la république à Bressuire, M. Demartial, substitut du procureur de la république à Rochefort, en remplacement de M. Richard.

Juge suppléant à Montmorillon, M. Debect, avocat.

M. Debect, nommé juge suppléant à Montmorillon par décret de ce jour, sera chargé de l'instruction au même siége.

M. Touzé, juge suppléant à Tarascon, est chargé de l'instruction au même siége.

Décrets du 28 décembre.

Président à Constantine, M. Boullay, président à Blidah, en remplacement de M. Doudart de Lagrée, nommé président à Blidah.

Président à Blidah, M. Doudart de Lagrée, président à Constantine, en remplacement de M. Boullay, nommé président à Constantine.

Juge suppléant à Béthune, M. Pariset, avocat à Nancy, en remplacement de M. Bottin, nommé substitut du procureur de la république près le même tribunal.

Juge à Narbonne, M. Testannières de Miravail, juge suppléant à Limoux, en remplacement de M. Martin, démissionnaire.

Juge suppléant à Roanne, M. Cherpin, avocat à Roanne, ancien bâtonnier, en remplacement de M. Chassain, démissionnaire.

Moniteur des 2 et 3 janvier 1871. — Décrets du 31 décembre 1870.

Premier président à Toulouse, M. de Saint-Gresse, procureur général à Toulouse, en remplacement de M. Piou, admis à la retraite.

Procureur général à Toulouse, M. Manau, premier avocat général à Toulouse, en remplacement de M. de Saint-Gresse.

Substitut à Rochefort, M. Loup Crémieux, avocat à Avignon, en remplacement de M. Demartial, nommé procureur à Bressuire.

Moniteur du 8 janvier. — Décrets du 5 janvier.

Procureur de la république à Valence, M. Bernard, procureur de la république à Vienne, en remplacement de M. Bélat. (Deux fois nommé : nommé à Vienne le 24 octobre.)

Procureur de la république à Vienne, M. Baret, substitut du procureur de la république à Sartène, en remplacement de M. Bernard, nommé procureur de la république à Valence. (Deux fois nommé : nommé substitut à Sartène par décret du 3 décembre 1870.)

M. Dauga, juge à Briançon, sera chargé de l'instruction au même siége.

Moniteur du 10 janvier. — Décrets du 7 janvier.

Avocat général à Bastia, M. Groz, avocat à Lyon, en remplacement de M. de Montera, premier avocat général.

Avocat général à Bastia, M. Gautier, avocat à Aix, en remplacement de M. Morati.

Substitut du procureur général à Bastia, M. Saliceti, avocat à Bastia, en remplacement de M. Luiggi.

Procureur de la république au Blanc, M. Blondet, juge suppléant à Poitiers, en remplacement de M. Marlier, non acceptant.

Conseiller à Caen, M. Trolley de Roques, vice-président à Alençon, en remplacement de M. de Peyronny, décédé.

Vice-président à Alençon, M. Galpin, juge à Alençon, en remplacement de M. Trolley de Roques, nommé conseiller à Caen.

Juge à Alençon, M. Lelu, substitut du procureur de la république à Lisieux, en remplacement de M. Galpin, nommé vice-président à Alençon.

Substitut du procureur de la république à Lisieux, M. Lemoyne, juge à Avranches, en remplacement de M. Lelu, nommé juge à Alençon.

Substitut du procureur de la république à Sartène, M. Durazzo, substitut du procureur de la république à Belley, en remplacement de M. Baret, nommé procureur de la république à Vienne.

Substitut du procureur de la république à Belley, M. Henry, avocat à Saint-Nazaire, docteur en droit, en remplacement de M. Durazzo, nommé substitut du procureur de la république à Sartène.

Moniteur du 12 janvier. — Décrets du 10 janvier.

Procureur de la république à Lodève, M. Nadal, procureur de la république à Saint-Affrique, en remplacement de M. Mareschal.

Procureur de la république à Saint-Affrique, M. Edmond Royer, avocat à Montpellier, en remplacement de M. Nadal, nommé procureur de la république à Lodève.

Substitut du procureur de la république à Lodève, M. Véziès, substitut du procureur de la république à Saint-Affrique, en remplacement de M. Gautier de Saint-Paulet.

Substitut du procureur de la république à Saint-Affrique, M. Paulin Lignon, avocat à Saint-Pons, en remplacement de M. Véziès, nommé substitut du procureur de la république à Lodève.

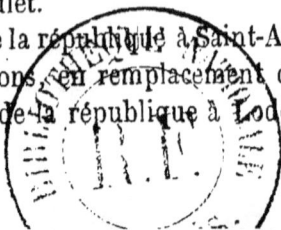

Substitut du procureur de la république à Castelnaudary, M. de Lajudie, substitut du procureur de la république, à Saint-Pons, en remplacement de M. Rogier, nommé procureur de la république à Saint-Pons.

Substitut du procureur de la république à Saint-Pons, M. Bonnet, avocat à Montpellier, en remplacement de M. de Lajudie, nommé substut du procureur de la république à Castelnaudary.

Juge à Saint-Etienne, M. Favart, ancien président de la chambre des avoués à Tulle, en remplacement de M. Longchampt, nommé vice-président au même siége.

Juge à Figeac, M. Arnault, juge suppléant chargé de l'instruction à Villeneuve-sur-Lot, en remplacement de M. Rouzet, décédé.

M. Chalmeton, procureur de la république au Vigan, est relevé de ses fonctions.

M. Rivière-Baudin, juge à Bordeaux, est chargé du service des ordres du même siége.

Moniteur du 13 janvier. — Décrets du 11 janvier.

M. Journel, juge à Lyon, sera chargé de l'instruction au même siége.

M. Forcioli, juge à Constantine, sera chargé de l'instruction au même siége.

Moniteur du 14 janvier. — Décrets du 12 janvier.

Conseiller à Bordeaux, M..Bazot, substitut du procureur général près la même cour, en remplacement de M. Véron-Réville, décédé.

Substitut du procureur général à Bordeaux, M. Fortier-Maire, substitut du procureur de la république à Bordeaux, en remplacement de M. Bazot, nommé conseiller à Bordeaux.

Substitut du procureur de la république à Bordeaux, M. Périer, procureur de la république à Gourdon, en remplacement de M. Fortier-Maire, nommé substitut du procureur général à Bordeaux.

Procureur général à Grenoble, M. Rongeat, avocat, en remplacement de M. Michal-Ladichère, dont la démission est acceptée.

Moniteur du 17 janvier. — Décrets du 14 janvier.

Conseiller à Nîmes, M. Viguier, juge à Nîmes, en remplacement de M. Coste, décédé.

Procureur de la république à Grasse, M. Alphandéry, procureur de la république à Sisteron, en remplacement de M. Chamayon.

M. Dalbis, ancien président à Milhau, est nommé président honoraire.

Substitut du procureur de la république à Nantes, M. Eparvier, nommé procureur de la république à Guingamp.

Procureur de la république à Guingamp, M. Feitu, substitut du procureur de la république à Saint-Brieuc, en remplacement de M. Eparvier.

Substitut du procureur de la république à Saint-Brieuc, M. Lucas, substitut du procureur de la république à Paimbœuf, en remplacement de M. Feitu, nommé procureur de la république à Guingamp.

Substitut du procureur de la république à Paimbœuf, M. Ayrault, juge suppléant à Lorient, en remplacement de M. Lucas, nommé substitut du procureur de la république à Saint-Brieuc.

Juge suppléant à Lorient, M. Guignard, avocat à Lorient, en remplacement de M. Ayrault, nommé substitut du procureur de la république à Paimbœuf.

M. Cavailhon, ancien conseiller à Alger, est nommé conseiller honoraire.

Moniteur du 19 janvier. — Décrets du 17 janvier.

Conseiller à Lyon, M. Charles Ollivier, avocat à Valence, en remplacement de M. Colomb, décédé.

Substitut du procureur de la république à Alger, M. Béthenod, juge suppléant à Saint Etienne, en remplacement de M. Carbonel, démissionnaire.

Substitut du procureur de la république à Belley, M. Cabaud, avocat à Lyon, en remplacement de M. Henry, non acceptant.

Conseiller à Poitiers, M. Métayer, juge à la Roche-sur-Yon, en remplacement de M. Duclaud, admis à la retraite.

Moniteur du 21 janvier. — Décrets du 18 janvier.

Avocat général à Lyon, M. Caresme, ancien magistrat, en remplacement de M. Roussel, nommé préfet à Constantine.

Juge suppléant à Bordeaux, M. Largeteau, avocat à Bordeaux, en remplacement de M. de Saint-Pierre, nommé juge à Bordeaux.

Juge à Alger, M. Damery, juge chargé de l'instruction à Châteaudun, en remplacement de M. Gastu, non acceptant.

Moniteur du 23 janvier. — Décrets du 20 janvier.

Procureur de la république à Gourdon, M. Delord, substitut du procureur de la république à Villeneuve-sur-Lot, en remplacement de M. Périer, nommé substitut du procureur de la république à Bordeaux.

Substitut du procureur de la république à Villeneuve-sur-Lot, M. Gleizes, substitut du procureur de la république à Mirande, en remplacement de M. Delord, nommé procureur de la république à Gourdon.

Substitut du procureur de la république à Mirande, M. Selve, juge suppléant à Gourdon, en remplacement de M. Gleizes, nommé substitut du procureur de la république à Villeneuve-sur-Lot.

Procureur de la république à Bergerac, M. Ribet, avocat à Bazas, en remplacement de M. Richard.

Procureur de la république à Constantine, M. Alauzet, procureur de la république à Blidah, en remplacement de M. Colonna d'Ornano, nommé procureur de la république à Blidah.

Procureur de la république à Blidah, M. Colonna d'Ornano, procureur de la république à Constantine, en remplacement de M. Alauzet, nommé procureur de la république à Constantine.

Procureur de la république à Sisteron, M. Soubra, juge de paix du 6e arrondissement de Marseille, en remplacement de M. Alphandéry, nommé procureur de la république à Grasse.

Substitut du procureur de la république à Perpignan, M. Mauger, substitut du procureur de la république au Blanc, en remplacement de M. Coffinhal-Laprade.

Substitut du procureur de la république au Blanc, M. Appay, juge suppléant au même siége, en remplacement de M. Mauger, nommé substitut du procureur de la république à Perpignan.

Moniteur du 24 janvier. — Décrets du 21 janvier.

Juge à Blaye, M. Lacour, juge à Lesparre, en remplacement de M. de Miollis, nommé juge à Bordeaux.

Juge à Lesparre, M. Feaugas, juge suppléant à la Réole, en remplacement de M. Lacour, nommé juge à Blaye.

M. Lacour, nommé juge à Blaye par décret de ce jour, est chargé de l'instruction au même siége.

Moniteur du 25 janvier. — Décrets du 23 janvier.

Avocat général à Toulouse, M. Pelleport, substitut du procureur de la république à Toulouse, en remplacement de M. Manau, nommé procureur général près la même cour.

Substitut du procureur de la république à Toulouse, M. Gay, avocat à Montauban, en remplacement de M. Pelleport, nommé avocat général à Toulouse.

Avocat général à Toulouse, M. Vigier, bâtonnier de l'ordre des avocats à Montauban, en remplacement de M. Diffre.

Avocat général à Toulouse, M. Sentenac, avocat à Saint-Girons, en remplacement de M. Auger.

Substitut du procureur de la république à Montauban, M. Latreille, juge à Saint-Girons, en remplacement de M. Couget.

Substitut du procureur de la république à Sens, M. Couret, docteur en droit, docteur ès lettres, en remplacement de M. Angenoust.

Juge suppléant à Marseille, M. Mengin, avocat à Marseille.

Moniteur du 26 janvier. — Décrets du 24 janvier.

Juge à la Roche-sur-Yon, M. Marchive, avocat à Ruffec, en remplacement de M. Métayer, nommé conseiller à Poitiers.

Substitut du procureur général à Caen, M. Lebourg, avocat à Caen, en remplacement de M. Esnault, décédé.

Moniteur du 28 janvier. — Décrets du 25 janvier.

Procureur de la république à Strasbourg, en remplacement de M. Chauffour, M. Lesénécal, décédé, substitut du procureur général à Nancy, engagé volontaire dans l'armée de Paris.

Conseiller à Angers, M. Rojon, juge d'instruction à Baugé, en remplacement de M. Turquet, admis à la retraite.

Conseiller à Poitiers, M. Henri Morand, substitut du procureur général à Poitiers, en remplacement de M. Savary, admis à la retraite.

Substitut du procureur général à Poitiers, M. Aymé, procureur de la république à Civray, en remplacement de M. Morand, nommé conseiller à Poitiers.

Procureur de la république à Civray, M. Bourcy, substitut du procureur de la république à Fontenay-le-Comte, en remplacement de M. Aymé, nommé substitut du procureur général à Poitiers.

Substitut du procureur de la république à Fontenay-le-Comte, M. Charrier, substitut du procureur de la république à Bressuire, en remplacement de M. Bourcy, nommé procureur de la république à Civray.

Substitut du procureur de la république à Bressuire, M. Carré, substitut du procureur de la république à Montmorillon, en remplacement de M. Charrier, nommé substitut du procureur de la république à Fontenay-le-Comte.

Substitut du procureur de la république à Montmorillon, M. Maurice, avocat, en remplacement de M. Carré, nommé substitut du procureur de la république à Bressuire.

Substitut du procureur de la république à la Roche-sur-Yon, M. Giraud, substitut du procureur de la république à Marennes, en remplacement de M. Bories.

Substitut du procureur de la république à Marennes, M. Bernard, docteur en droit, en remplacement de M. Giraud, nommé substitut du procureur de la république à la Roche-sur-Yon.

Décrets du 26 janvier.

Avocat général à Caen, M. Lanfran de Panthou, substitut du procureur général à Caen, en remplacement de M. Roussel-Bonneterre, décédé.

Substitut du procureur général à Caen, M. Marlier, substitut du procureur de la république à Metz, en remplacement de M. Lanfran de Panthou, nommé avocat général à Caen.

Moniteur du 30 janvier. — Voir le *Moniteur* du 31 janvier.

Moniteur du 31 janvier. — Décrets du 20 janvier.

La délégation du gouvernement de la défense nationale,

Considérant qu'en 1852, après l'attentat du 2 décembre, quand un pouvoir usurpateur, violant toutes les lois, brisait l'assemblée des représentants du peuple, anéantissait la constitution républicaine, il s'est trouvé dans l'ordre judiciaire, c'est-à-dire dans les rangs des gardiens de la loi, des hommes qui ont associé leurs noms aux odieuses persécutions du tyran et l'ont aidé à proscrire les ennemis de son usurpation, les amis de la république;

Considérant que ces hommes ont accepté, eux magistrats, eux la justice, de faire partie de commissions politiques, c'est-à-dire de participer à l'abolition de toute justice; qu'en effet ils ont prononcé des condamnations contre des concitoyens sans les entendre, sans les appeler; ils ont inventé contre eux des peines qui n'existent pas dans nos lois, telles que l'exil et l'internement; ils ont même condamné à être transportés à Cayenne une innombrable quantité d'hommes irréprochables (*sic*);

Considérant qu'ils ont ainsi voué à la ruine et à la mort un nombre considérable de citoyens amis inébranlables de la patrie et réduit leurs familles à la misère et au désespoir;

Considérant qu'aucun crime ni aucun délit n'avait été commis par ces victimes d'une impitoyable colère; que les plus coupables aux yeux des commissaires étaient ceux qui s'étaient levés pour défendre ou venger la constitution mise sous leur garde, et que le plus grand nombre a été condamné non pour des actes, mais pour des opinions républicaines;

Considérant que notre première révolution, fondée sur le droit et la la loi, proclamait en 1790 que les citoyens ne peuvent être distraits de leurs juges naturels par aucune commission; que la république de 1870, fondée sur le droit et la loi, doit par un exemple mémorable rappeler ce principe protecteur et relever la majesté de la justice;

Sont déchus de leurs siéges et exclus de la magistrature :

MM.

Devienne, premier président de la Cour de cassation ;

Raoul Duval, premier président de la cour de Bordeaux ;

De Bigorie de Laschamps, premier président de la cour d'appel de Colmar ;

Massot, premier président de la cour d'appel de Rouen ;

Legentil, conseiller à la cour d'appel de Rouen ;

Vincendon, conseiller à la cour de Grenoble ;

Payen-Dumoulin, conseiller à la cour d'Aix (*sic*) ;

Dubois, conseiller à la cour de Lyon ;

Dupuy, président du tribunal de Brest ;

Villeneuve, conseiller à la cour d'appel de Toulouse;

Lesueur de Pérès, conseiller à la cour d'appel d'Agen ;

Jeannez, conseiller à la cour d'appel de Besançon;

Villemot, conseiller à la cour de Besançon ;

Chaudreau, président du tribunal de la Rochelle.

Fait à Bordeaux, le 20 janvier 1871.

Le garde des sceaux ministre de la justice, AD. CRÉMIEUX.

LÉON GAMBETTA, GLAIS-BIZOIN, B. FOURICHON.

D'autres magistrats se trouvent dans la même situation. Il sera statué, quant à eux, après qu'ils auront été entendus dans leurs explications.

Moniteur du 1er février. — Décret du 24 janvier.

Juge suppléant à Forcalquier, M. Bourillon, avocat à Forcalquier, en remplacement de M. Denoize, décédé.

Décrets du 30 janvier.

Juge suppléant à Villefranche, M. Mazelié, avocat, docteur en droit, en remplacement de M. Marnejouls.

Juge suppléant à Morlaix, M. Damollou, avocat à Morlaix.

Le décret en date du 22 novembre dernier, qui a nommé juge suppléant à Villefranche M. Henri Granier, non encore installé, est rapporté.

Moniteur du 2 février. — Décrets du 31 janvier.

Substitut du procureur de la république à Carcassonne, M. Bimar, substitut du procureur de la république à Céret, en remplacement de M. Pouget, tombé glorieusement sur le champ de bataille.

Substitut du procureur de la république à Céret, M. Brousse, avocat à Montpellier, docteur en droit, en remplacement de M. Bimar, nommé substitut du procureur de la république à Carcassonne.

Juge à Nîmes, M. Massé, juge chargé de l'instruction à Perpignan, en remplacement de M. Viguier, nommé conseiller à Nîmes.

Juge à Châteaudun, M. Viry, juge de paix à Oran, en remplacement de M. Dannery, nommé juge à Alger.

Juge à Niort, M. Sureau-Lamirande, juge de paix à Châtellerault, en remplacement de M. Herbault, nommé vice-président à Niort.

Juge suppléant à Largentière, M. Constant, avocat à Largentière, en remplacement de M. Ruelle, nommé juge de paix à Joyeuse.

M. Hérissé, juge à Niort, sera chargé de l'instruction au même siége.

M. Viry, nommé juge à Châteaudun par décret de ce jour, sera chargé de l'instruction au même siége.

Premier président à Bordeaux, M. Cellérier, procureur général près la même cour, en remplacement de M. Raoul Duval.

Procureur général à Bordeaux, M. Delpech, avocat à Agen, maire de cette ville, en remplacement de M. Cellérier, nommé premier président à Bordeaux.

Erratum.

Le décret relatif aux magistrats ayant fait partie des commissions mixtes, inséré au *Moniteur universel* du 31 janvier, porte par erreur la date du 20 janvier.

Ce décret a été rendu le 28 janvier 1871.

Moniteur du 4 février.

Communiqué de M. Crémieux concernant MM. Chaudreau et Dupuy, présidents frappés par le décret de déchéance du 20 janvier, et menaçant divers magistrats d'arrestation et de poursuites correctionnelles.
(Voir précédemment, pages 6, 7, 8 et 9.)

Moniteur du 5 février. — Décrets du 3 février.

Avocat général à Toulouse, M. Bigot, substitut du procureur général à Toulouse, en remplacement de M. Sentenac, non acceptant.

Substitut du procureur général à Toulouse, M. Barciet de Labusquette, substitut du procureur de la république à Toulouse, en remplacement de M. Bigot, nommé avocat général à Toulouse.

Conseiller à Toulouse, M. Biscons, président à Castres, en remplacement de M. Villeneuve.

Président à Castres, M. Courdin, président à Villefranche, en remplacement de M. Biscons, nommé conseiller à Toulouse.

Président à Villefranche, M. Delmas père, avocat à Villefranche, en remplacement de M. Courdin, nommé président à Castres.

Substitut du procureur général à Aix, M. Pons (Lucien), avocat, en remplacement de M. Bouteille, nommé conseiller à Aix.

Moniteur du 6 février. — Décrets du 2 février.

Conseiller à Grenoble, M. Mondet, président à Confolens, en remplacement de M. Vincendon.

Président à Confolens, M. Nassau, procureur de la république au même siége, en remplacement de M. Mondet, nommé conseiller à Grenoble.

Conseiller à Aix, M. Bouteille, substitut du procureur dé la république à Aix, en remplacement de M. Payan-Dumoulin.

Procureur de la république à Tonnerre, M. Bloch, substitut du procureur de la république à Tours, en remplacement de M. Bernard.

Substitut du procureur de la république à Tours, M. Coffinhal-Laprade, ancien magistrat, en remplacement de M. Bloch, nommé procureur de la république à Tonnerre.

Procureur de la république au Vigan, M. Planchon, substitut du procureur de la république à Châteauroux, en remplacement de M. Chalmeton, relevé de ses fonctions.

Substitut du procureur de la république à Châteauroux, M. Dulion, substitut du procureur de la république à Bonneville, en remplacement de M. Planchon, nommé procureur de la république au Vigan.

Substitut du procureur de la république à Bonneville, M. Debus, substitut à Thonon, en remplacement de M. Dulion, nommé substitut à Châteauroux.

Substitut à Thonon, M. Léon Orlat, avocat à Bonneville, en remplacement de M. Debus, nommé substitut à Bonneville.

Juge suppléant à Bagnères de Bigorre, place vacante, M. Eugène Pinson, avoué, licencié.

Substitut à Tonnerre, M. Raimbault, substitut à Chinon, en remplacement de M. Détourbet, nommé procureur de la république à Sens.

Substitut à Chinon, M. Henri Grillet, avocat, en remplacement de M. Raimbault, nommé substitut à Tonnerre.

Moniteur du 7 février. — Décrets du 4 février.

Juge à la Rochelle, M. Vivier, substitut du procureur de la république près le même tribunal, en remplacement de M. Jourdan, décédé.

Substitut à Montauban, M. Marseron, avocat, en remplacement de M. Couget.

Juge à Bône, M. Ronnot, juge à Oran, en remplacement de M. Alessandri, nommé juge à Oran.

Juge à Oran, M. Alessandri, juge à Bône, en remplacement de M. Ronnot, nommé juge à Bône.

Juge suppléant à Montargis, M. Bautruche, juge suppléant à Pithiviers, en remplacement de M. Jalouzet, décédé.

Procureur de la république à Cambrai, M. Bucquoy, avocat à Amiens, docteur en droit, en remplacement de M. Martinet.

M. Ronnot, nommé juge à Bône par décret de ce jour, est chargé de l'instruction au même siége.

M. Alessandri, nommé juge à Oran par décret daté de ce jour, sera chargé du service des ordres au même siége.

Moniteur du 8 février. — Décret du 3 février.

Vu le décret de la défense nationale en date du 28 janvier 1871,

Considérant que M. Degrand, président du tribunal civil de Toulouse, a pris part, comme procureur impérial, aux travaux de la commission mixte des Pyrénées-Orientales,

La délégation du gouvernement de la défense nationale décrète :

Est déchu de son siége et exclu de la magistrature M. Degrand, président du tribunal civil à Toulouse.

Bordeaux, le 3 février 1871.

Ad. Crémieux, L. Fourichon, Léon Gambetta, Glais-Bizoin.

Pour ampliation : Leven.

M. Degrand, président du tribunal civil de Toulouse, a été frappé de déchéance par décret en date du 3 février 1871 pour avoir fait partie de la commission mixte des Pyrénées-Orientales. (Le décret est suivi, au *Moniteur*, de deux colonnes qui rapportent « l'œuvre de la commission mixte » ci-dessus mentionnée, sans donner la moindre indication qui permette de contrôler les actes qu'on lui attribue.)

Moniteur du 10 février. — Décrets du 7 février.

Présidént à Rennes, M. Maitrejean, avocat général à Bordeaux, en remplacement de M. Vannier, admis à la retraite.

Conseiller à Besançon, M. Dumont, chargé de l'instruction à Brives, en remplacement de M. Villemot.

Substitut du procureur de la république à Bastia, M. Murati, substitut du procureur de la république à Corte, en remplacement de M. de Gafory, non acceptant.

Substitut du procureur de la république à Corte, M. Pompeï, avocat, en remplacement de M. Murati, nommé substitut à Bastia.

Substitut du procureur de la république à Bar-le-Duc, M. Becquart, substitut à Ploërmel, en remplacement de M. Griveau, nommé substitut à la Rochelle.

Substitut du procureur de la république à la Rochelle, M. Griveau, substitut à Bar-le-Duc, en remplacement de M. Vivier.

Substitut du procureur de la république à Bordeaux, M. Bloch, procureur de la république à Tonnerre, en remplacement de M. Faye, démissionnaire. (Deux fois nommé.)

Procureur de la république à Clermont-Ferrand, M. Bourrier, procureur de la république à Issoire, en remplacement de M. Nony, dont la démission est acceptée.

M. Nony, procureur de la république à Clermont-Ferrand, est, sur sa demande, réintégré dans ses anciennes fonctions de juge suppléant à Riom?...

Décrets du 6 février.

Président à Brest, M. Lecherbonnier, avocat à Brives, en remplacement de M. Dupuis.

Président à la Rochelle, M. Rivasseau, juge à Parthenay, en remplacement de M. Chaudreau.

Substitut du procureur de la république à Nontron, M. Faye-Tabit, avocat à Nontron, en remplacement de M. Debest de Lacroizille.

Substitut du procureur de la république à Ambert, M. Balme du Garay, juge suppléant à Montluçon, en remplacement de M. Greliche.

M. de Job, procureur de la république à Montmédy, est nommé procureur de la république à Bar-sur-Seine, en remplacement de M. Papillon, président à Etampes.

Conseiller à Bastia, M. Patrice de Corsi, avocat, en remplacement de M. Colonna d'Istria, nommé procureur général à Nîmes.

M. Hippolyte Peyssonneau, avocat à Villefranche, est nommé conseiller à Besançon, en remplacement de M. Jeannez.

Conseiller à Bastia, M. Camille Pozzo di Borgo, avocat, en remplacement de M. Suzzoni, admis à la retraite.

Président du tribunal civil à Ajaccio, M. Timothée Landry, procureur de la république à Bastia, en remplacement de M. Cunéo d'Ornano, admis à la retraite.

Président à Douai, M. Decaudaveine, conseiller à Douai, en remplacement de M. Dupont, admis à la retraite.

Conseiller à Douai, M. Dubrulle, juge à Douai, en remplacement de M. Decaudaveine, nommé président à Douai.

Juge à Douai, M. Lavoisot, juge chargé de l'instruction à Saint-Pol, en remplacement de M. Dubrulle, nommé conseiller à Douai.

Juge à Saint-Pol, M. Hedde, juge suppléant à Lille, en remplacement de M. Lavoisot, nommé juge à Douai.

Juge suppléant à Lille, M. Chantreuil, avocat, docteur en droit, en remplacement de M. Hedde, nommé juge à Saint-Pol.

Juge à Boulogne, M. Dramard, ancien avoué à Evreux, en remplacement de M. Carmiers, décédé.

M. Hedde, nommé juge à Saint-Pol par décret de ce jour, sera chargé de l'instruction au même siége.

Conseiller à Agen, M. Pujos, juge chargé de l'instruction à Lombez, en remplacement de M. Lesueur de Pérez. (Deux fois nommé.)

Président du tribunal à Grenoble, M. Michel René, procureur de la république à Draguignan, en remplacement de M. Bertrand, admis à la retraite. (Deux fois nommé depuis le 27 septembre.)

Procureur de la république à Montmédy, M. Froment, substitut du procureur de la république à Saint-Mihiel, en remplacement de M. de Job, nommé procureur de la république à Bar-sur-Seine.

Juge à Baugé, M. Bachellier (Théophile), juge suppléant à Baugé, en remplacement de M. Rojon, nommé conseiller à Angers.

Substitut du procureur de la république à Fontainebleau, M. de la Rochette (Désiré), avocat à Paris, en remplacement de M. de Marnas, tombé glorieusement sur le champ de bataille.

M. Bachellier, nommé juge à Baugé par décret en date de ce jour, sera chargé de l'instruction à Baugé.

Moniteur du 13 février. — Décrets du 8 février.

Avocat général à Bordeaux, M. Larouverade, substitut du procureur général à Bordeaux, en remplacement de M. Maitrejean, nommé président à Rennes.

Substitut du procureur général à Bordeaux, M. Bourgeois, substitut du procureur de la république à Bordeaux, en remplacement de M. Larouverade, nommé avocat général à Bordeaux.

Juge à Lombez, M. Morand, avocat, docteur en droit, en remplacement de M. Pujos, nommé conseiller à Agen.

Décrets du 10 février.

Juge à la Rochelle, M. Regnault, ancien magistrat, en remplacement de M. Boutin, démissionnaire.

Juge à la Rochelle, M. Barbaud, juge suppléant à Bressuire, en remplacement de M. Barbedette, démissionnaire.

Juge suppléant à Château-Gontier, M. Hat, avoué près le même tribunal.

Conseiller à Rouen, M. Casati, juge chargé de l'instruction à Lille, en remplacement de M. Legentil.

Procureur de la république à Bastia, M. Vincent Farinole, avocat à Bastia, en remplacement de M. Landry, nommé président à Ajaccio.

Président à Villefranche, M. Mulsant, procureur de la république près le même tribunal, en remplacement de M. Royé-Belliard, décédé.

Substitut du procureur de la république à Bordeaux, M. Peyrecave, substitut du procureur de la république à Angoulême, en remplacement de M. Bourgeois, nommé substitut du procureur général à Bordeaux.

Substitut du procureur de la république à Angoulême, M. Mazeau, substitut du procureur de la république à Blaye, en remplacement de M. Peyrecave, nommé substitut du procureur de la république à Bordeaux.

Substitut du procureur de la république à Blaye, M. Caillemer de Lioncourt, en remplacement de M. Mazeau, nommé substitut du procureur de la république à Angoulême.

Procureur de la république à Confolens, M. Guillaumin, substitut du procureur de la république à Angoulême, en remplacement de M. Nasbeau, nommé président à Confolens.

Substitut du procureur de la république à Angoulême, M. Alquié, substitut du procureur de la république à Confolens, en remplacement de M. Guillaumin, nommé procureur de la république à Confolens.

Substitut du procureur de la république à Confolens, M. Ducros, avocat à Bordeaux, en remplacement de M. Alquié, nommé substitut du procureur de la république à Angoulême.

Juge à Provins, M. d'Hostel, juge suppléant à Provins, en remplacement de M. Noël, décédé.

Juge suppléant à Avranches, M. Fleuriot, avocat à Caen, en remplacement de M. Lemoyne, nommé substitut du procureur de la république à Lisieux.

M. d'Hostel, nommé juge à Provins par décret en date de ce jour, est chargé de l'instruction à Provins.

Décrets du 8 février.

Juge à la Rochelle, M. Gacougnolle, juge aux Sables d'Olonne, en remplacement de M. Jourdan, décédé.

Juge aux Sables d'Olonne, M. Joguet, juge de paix à Thouars, en remplacement de M. Gacougnolle, nommé juge à la Rochelle.

Juge suppléant à la Rochelle, M. Deforge, avocat, secrétaire de l'ordre des avocats à la Rochelle.

Juge suppléant à la Rochelle, M. Dubois, avoué, président des avoués à la Rochelle.

Juge à Parthenay, M. Renaud, juge de paix à Moncoutant, en remplacement de M. Rivasseau, nommé président à la Rochelle.

Procureur de la république à Louhans, M. Marlet, avocat à Semur, en remplacement de M. Toussaint.

M. Gacougnolle, nommé juge à la Rochelle par décret de ce jour, sera chargé de l'instruction au même siége.

Le décret du 4 février qui a nommé juge à la Rochelle M. Vivier, non encore installé, est rapporté.

Conseiller à Chambéry, M. Gotteland, procureur de la république à Espalion, en remplacement de M. de la Chambre, décédé.

Substitut du procureur de la république à Saint-Mihiel, M. Grillet, substitut à Chinon, en remplacement de M. Froment, nommé procureur de la république à Montmédy.

Substitut du procureur de la république à Chinon, M. Mauricau, juge suppléant à Chinon, en remplacement de M. Grillet, nommé substitut à Saint-Mihiel.

Décret du 10 février.

Président à Toulouse, M. Chalamet, avocat, ancien préfet de l'Ardèche, en remplacement de M. Degrand.

Conseiller à Lyon, M. Rolland, vice-président à Bordeaux, en remplacement de M. Dubois.

Vice-président à Bordeaux, M. Beylot, juge au même siége, en remplacement de M. Rolland, nommé conseiller à Lyon.

Président à Bordeaux, M. Vouzellaud, conseiller à la même cour, en remplacement de M. Gillibert, admis à la retraite.

Conseiller à Bordeaux, M. Jacquemain, procureur de la république à Nîmes, en remplacement de M. Vouzellaud, nommé président à Bordeaux.

Juge à Vannes, M. Raoul Thomazy, juge chargé de l'instruction à Châteaulin, en remplacement de M. Lefeuvre, admis à la retraite.

Procureur de la république à Tonnerre, M. Martinet, substitut à Nevers, en remplacement de M. Bloch, nommé substitut à Bordeaux.

M. Méresser, juge à Vannes, sera chargé de l'instruction au même siége.

Conseiller à Nîmes, M. Paradan, avocat à Nîmes, en remplacement de M. Reyne, décédé.

Président à Beauvais, M. Cotelle, procureur de la république au même siége, en remplacement de M. Gaillard, décédé.

Procureur de la république à Beauvais, M. Nez, procureur de la république à Compiègne, en remplacement de M. Cotelle, nommé président à Beauvais.

Procureur de la république à Compiègne, M. Paisant, procureur de la république à Vervins, en remplacement de M. Nez, nommé procureur de la république à Beauvais.

Procureur de la république à Vervins, M. Hanquez, substitut à Beauvais, en remplacement de M. Paisant, nommé procureur de la république à Compiègne.

Substitut du procureur de la république à Beauvais, M. Gaillard, substitut à Château-Thierry, en remplacement de M. Hanquez, nommé procureur de la république à Vervins.

Substitut du procureur de la république à Château-Thierry, M. Peyrecave, juge suppléant à Saint-Quentin, en remplacement de M. Gaillard, nommé substitut à Beauvais.

Juge à Quimperlé, M. Huchet de Guermeur, juge suppléant à Rennes, en remplacement de M. Amiard, nommé juge à Saint-Brieuc.

Procureur de la république à Espalion, M. Sourbès, substitut à Condom, en remplacement de M. Gotteland, nommé conseiller à Chambéry.

Substitut du procureur de la république à Condom, M. Landre, avocat, en remplacement de M. Sourbès, nommé procureur de la république à Espalion.

Substitut du procureur de la république à Ploërmel, M. Marret, avocat à Poitiers, en remplacement de M. Becquart, nommé substitut à Bar-le-Duc.

Juge suppléant à Bayeux, M. Lerouge, avocat à Caen, en remplacement de M. Mézaire, nommé substitut à Pont-l'Evêque.

Président à Soissons, M. Salléron, procureur de la république au même siége, en remplacement de M. Boujot, admis à la retraite et nommé président honoraire.

Procureur de la république à Soissons, M. Darche, ancien substitut du procureur général à Besançon, en remplacement de M. Salleron, nommé président à Soissons.

M. Levaillant, juge à Quimperlé, sera chargé de l'instruction au même siége.

Juge à Bordeaux, M. Péret, procureur de la république à Châtellerault, en remplacement de M. Beylot, nommé vice-président à Bordeaux.

Procureur de la république à Châtellerault, M. Mauflastre, procureur de la république à Loudun, en remplacement de M. Péret, nommé juge à Bordeaux.

Procureur de la république à Loudun, M. Thézard, substitut au même siége, en remplacement de M. Mauflastre, nommé procureur de la république à Châtellerault.

Substitut du procureur de la république à Loudun, M. Albert, avocat à Poitiers, en remplacement de M. Thézard, nommé procureur de la république à Loudun.

Juge à Montargis, M. Cobtard, juge à Loches, en remplacement de M. Burgevin, démissionnaire.

Substitut du procureur de la république à Poitiers, M. Grelat, avocat à Rochefort, en remplacement de M. Broussard, décédé.

Juge à Lille, M. Jouaust, avocat attaché au ministère de la justice, en remplacement de M. Casati, nommé conseiller à Rouen.

Moniteur du 18 février. — Décret du 7 février.

La suspension prononcée contre M. Rigaud, premier président à Aix, est levée ; le premier président reprendra l'exercice de ses fonctions.

Bordeaux, le 7 février 1871.

Le garde des sceaux,

AD. CRÉMIEUX.

22 mars 1871.

Dans le cours de cette brochure, j'ai eu à m'élever contre l'apologie des journées les plus néfastes de la révolution de 93, contre la glorification du club des Jacobins et de la Commune de Paris, qu'on avait osé faire il y a deux mois environ.

Pendant qu'on imprime ma publication, la France apprend avec horreur, mais sans trop de surprise, hélas ! les nouveaux et hideux exploits de la démagogie parisienne. Trouvera-t-on aussi quelqu'un qui voudra faire l'apologie des 18 et 19 mars? Or, je le demande, en quoi ces journées diffèrent-elles des 5 et 6 octobre, du 10 août, du 31 mai? Si les assassins des généraux Lecomte et Clément Thomas avaient eu à leur portée l'Assemblée nationale et le gouvernement, auraient-ils reculé devant un nouveau 10 août? auraient-ils hésité à recommencer le 31 mai, en demandant la tête, non plus de vingt-neuf, mais de centaines de députés?

L'avenir trouvera-t-il un historien complaisant qui appellera notre Assemblée nationale et notre gouvernement actuels « des obstacles au courant populaire? » Dira-t-on dans l'histoire que les hommes du 18 mars ont été « les

8

moteurs d'un mouvement immense d'où sera sorti le monde moderne? »

Je vois de plus en plus que j'ai posé la question comme elle doit l'être : Accepterons-nous toujours l'œuvre de la violence et de la spoliation? Nous déciderons-nous à rendre justice au droit violé, ou suffira-t-il qu'un acte, un décret soit illégal, injuste, inique, pour que sa violence même le rende sacré pour nous?

Cette question, je l'ai posée pour les décrets arbitraires et désorganisateurs de M. Crémieux. Si tous les honnêtes gens ne se serrent pas avec énergie autour de l'Assemblée nationale et de son gouvernement, des événements terribles, mais qu'on pourra conjurer, j'espère, la poseraient forcément pour des intérêts plus graves encore.

Si l'on veut défendre l'ordre, le droit et la société contre les infâmes assassins, contre les nouveaux jacobins qui veulent les détruire, cette question, quel que soit l'intérêt en jeu, ne peut être résolue qu'en répudiant toute œuvre de spoliation et en donnant satisfaction complète à tout droit violé.

FIN.

Lyon. — Impr. Félix Girard, rue St-Dominique, 15.

www.ingramcontent.com/pod-product-compliance
Lightning Source LLC
Chambersburg PA
CBHW071211200326
41519CB00018B/5468